Das Amélias às Mulheres Multifuncionais

Dados Internacionais de Catalogação na Publicação (CIP)
(Câmara Brasileira do Livro, SP, Brasil)

Fujisawa, Marie Suzuki
  Das Amélias às mulheres multifuncionais : a emancipação feminina e os comerciais de televisão / Marie Suzuki Fujisawa – São Paulo : Summus, 2006.

  Bibliografia.
  ISBN 85-323-0254-8

  1. Comunicação de massa e mulheres 2. Consumidores – Comportamento 3. Marca comercial 4. Mulheres – Comportamento 5. Publicidade I. Título II. Título: A emancipação feminina e os comerciais de televisão.

06-0697   CDD-302.2345

Índice para catálogo sistemático:
  1. Mulheres : Comportamento consumista : Sociologia   302.2345

Compre em lugar de fotocopiar.
Cada real que você dá por um livro recompensa seus autores
e os convida a produzir mais sobre o tema;
incentiva seus editores a encomendar, traduzir e publicar
outras obras sobre o assunto;
e paga aos livreiros por estocar e levar até você livros
para a sua informação e o seu entretenimento.
Cada real que você dá pela fotocópia não autorizada de um livro
financia o crime
e ajuda a matar a produção intelectual de seu país.

Das Amélias às Mulheres Multifuncionais

A emancipação
feminina e
os comerciais
de televisão

Marie Suzuki Fujisawa

summus
editorial

DAS AMÉLIAS ÀS MULHERES MULTIFUNCIONAIS
A emancipação feminina e os comerciais de televisão
Copyright © 2006 by Marie Suzuki Fujisawa
Direitos desta edição reservados por Summus Editorial

Editora executiva: **Soraia Bini Cury**
Assitente de produção: **Claudia Agnelli**
Capa e projeto gráfico: **Alberto Mateus**
Diagramação: **Crayon Editorial**
Fotolitos: **Casa de Tipos**

Summus Editorial
Departamento editorial:
Rua Itapicuru, 613 – 7º andar
05006-000 – São Paulo – SP
Fone: (11) 3872-3322
Fax: (11) 3872-7476
http://www.summus.com.br
e-mail: summus@summus.com.br

Atendimento ao consumidor:
Summus Editorial
Fone: (11) 3865-9890

Vendas por atacado:
Fone: (11) 3873-8638
Fax: (11) 3873-7085
e-mail: vendas@summus.com.br

Impresso no Brasil

Ao Marcelo e à minha filha, Mariana.
Com vocês eu sinto um amor infinito.

AGRADECIMENTOS

- Agradeço imensamente aos meus pais, que nunca se opuseram às minhas escolhas de vida. Com minha mãe adquiri o gosto pela leitura, e com meu pai percebi que você não precisa de títulos para ser respeitado e querido – basta ser sincero e se preocupar verdadeiramente com o outro.

- Agradeço aos meus irmãos, Erika, Roberto e Marcelo. Cada um é tão distinto do outro que suas diferenças me ensinaram a compreender as várias formas de viver.

- Às famílias Fujisawa, Ogata e Suzuki, pois o que sou hoje é resultado de uma vivência intensa com todos os meus primos, tios e cunhados.

- Aos grandes mestres da minha vida, que me inspiraram na busca interminável do saber: Giselle Gubernikoff, Jun Okamoto, Claudete Ribeiro, João Spinelli e Percival Tirapelli.

- Aos meus amigos que tiveram a paciência de ler, revisar e opinar: Léo Lima, Rafael Nadale, Max Shen, Gerson Tung e Tatiana Viana.

- Aos meus amigos que me acompanham com carinho e vibram com cada conquista: Lia Abbud, Marina Barbosa,

Déia, Talvani, Daniela, Ana Carolina, Camila, Tuca, Patrícia, César, Guto, Hideki, Naoki – a todos os que me ajudaram das mais diversas formas.

- Aos amigos Oswaldo e Mariko Sato, por me mostrarem a importância de educarmos nossos filhos para a vida.

- Às minhas avós, pois elas me ensinaram que o amor pelos filhos é o maior estímulo para trabalhar arduamente nas mais difíceis situações. Elas não tiveram escolha (casaram por *miai* – os pais escolheram seus maridos), mas aprenderam a respeitar os homens que passaram a vida inteira ao lado delas.

- Não posso deixar de agradecer, também, ao meu editor, Raul Wassermann, que acreditou neste livro e me atendeu com rapidez, respeito e carinho pouco vistos antes.

- Agradeço principalmente a Deus, por me orientar em cada caminho escolhido.

Não há dúvida, hoje, de que as mulheres sentem-se diferentes em relação a si mesmas do que se sentiam há vinte anos... Foi muito bom para as mulheres levarem-se a sério como pessoas, sentirem auto-respeito, sentirem que têm alguma igualdade, embora ela ainda não tenha sido plenamente conquistada... Estamos apenas começando a saber do que somos capazes.

Betty Friedan (1976, p. 330)

SUMÁRIO

Prefácio **13**
Introdução **15**

1 **A EVOLUÇÃO HISTÓRICA DA EMANCIPAÇÃO FEMININA** 21
   A emancipação feminina no mundo ocidental **23**
   A emancipação feminina no Brasil **31**
   A mulher e o trabalho no novo milênio **44**

2 **A PERCEPÇÃO DAS CAMPANHAS PUBLICITÁRIAS** 55
   A influência da cores na comunicação **61**
   Os sentidos utilizados na comunicação **62**
   Análise da comunicação visual das marcas
   de detergente em pó Omo e Ariel **78**

3 **OMO: INTRODUÇÃO NO BRASIL
   E EVOLUÇÃO DA MARCA NOS COMERCIAIS** 91
   A identidade da marca Omo **95**
   Análise dos comerciais das marcas
   de detergente em pó Omo e Ariel **98**

4 **AS DIFERENTES MÍDIAS NA COMUNICAÇÃO DE OMO** 141
   Novela *Mulheres apaixonadas* **143**
   Programa *Saia justa* **145**
   Seriado *Os normais* **145**
   Evento Casa Cor **147**

5 **A EVOLUÇÃO DAS AMÉLIAS** 151

Referências bibliográficas **159**

PREFÁCIO

Das Amélias às mulheres multifuncionais trata com muita sensibilidade de um tema de grande importância nos tempos modernos: ajuda a decifrar o comportamento de compra da "nova" mulher brasileira.

Hoje, uma grande rede de varejo possui, em apenas uma loja, mais de 60 mil itens em suas prateleiras. Talvez não exista nenhuma categoria que melhor reflita todo o longo processo que faz uma mulher adquirir uma marca de sabão em pó em vez de outra. É um exemplo perfeito do equilíbrio entre emoção, razão e valores, todos colocados como ingredientes no simples ato da compra desse produto.

Podemos ler esse processo de forma simples, quase automática e rotineira. Porém também podemos fazer um exercício mais profundo, que é verificar, por trás dessa decisão, perguntas como: "O que é o melhor para a minha família?"; "Que produto é mais eficiente?; "Que opção me iguala socialmente às demais mulheres, podendo agregar sonhos, aspirações e *status*?"; "Que marca me transmite a imagem de mulher moderna?"; "Como fazer a compra mais inteligente e ser reconhecida por isso?" etc.

Será que a publicidade tem o poder de despertar todo esse processo no momento da escolha – ou quando o armário de casa é aberto – ou foi determinada marca que conseguiu, por meio de uma estratégia brilhante, transformar um simples "pó azul" em algo tão valorizado e desejado? Por que esses valores também não são abordados no momento da compra de um sabão em barra ou de um molho de tomate?

Marie, usando todo o seu conhecimento da área e boas pitadas de intuição, nos ajuda a entender a "nova" mulher e sua relação com a categoria que considero o melhor exemplo da evolução no comportamento de compra. Entender as relações com tal categoria é um grande passo para compreender as decisões no ponto-de-venda. E quem sabe também não seja um atalho para decifrar a complexa mas maravilhosa mulher moderna.

Rodrigo Lacerda
Diretor de Marketing Corporativo do Grupo Carrefour,
vice-presidente da Associação Brasileira de Anunciantes (ABA) e
conselheiro do Conselho Nacional
de Auto-Regulamentação Publicitária (Conar)

INTRODUÇÃO

Este livro analisa a evolução do papel da mulher no mundo ocidental, estuda a percepção da mensagem publicitária e as formas de comunicação para atingir o público feminino, e, partindo da premissa da necessidade de os comerciais se adaptarem à nova realidade de emancipação da mulher brasileira, verifica como as campanhas publicitárias de detergente em pó (em especial da marca Omo) se adequaram a essas conquistas.

O estudo do histórico do feminismo no mundo ocidental e da relação da evolução do papel da mulher nos comerciais de detergente em pó na televisão brasileira é realizado por meio da análise do lançamento de Omo na TV, em 1957, até as campanhas mais recentes.

As mulheres do século XXI herdaram o reconhecimento oriundo do início da luta pela libertação feminista do século anterior, conquistando respeito e espaço no mercado de trabalho; com isso, elas passaram a assumir dupla jornada de trabalho. Algumas já dividem as responsabilidades do lar com o companheiro e com outras mulheres – babás, empregadas domésticas e professoras – sem culpa. O diferencial em relação às mulheres do século anterior é que muitas possuem uma essência feminista, mas amadureceram e aprenderam que a feminilidade numa mulher é o maior trunfo para conseguir sobreviver entre os novos e velhos papéis (trabalhadoras do mercado e donas-de-casa).

Os dados históricos nos mostram que, durante séculos, o mundo ocidental supervalorizou o homem; às mulheres, restava a valorização pelos serviços domésticos, como mostram os versos do escritor paulista Martim Francisco (1853-1927):

As mulheres dentro do lar
Têm missão nobre a cumprir.
Esposa e mãe exemplar,
Trabalha sempre a sorrir.

Com a análise dos comerciais de detergente em pó da marca Omo, maior anunciante desse produto no mercado brasileiro desde 1957, é possível avaliar as influências das campanhas publicitárias nos hábitos das consumidoras, uma vez que os comerciais de televisão chegam a atingir mais de 99% dos domicílios da população brasileira de todas as classes sociais, alfabetizadas ou não[1], sendo o meio de comunicação de massa mais utilizado para anunciar o produto.

Historicamente, a mulher sempre esteve relacionada com os serviços domésticos, e o fator determinante na escolha do tema "mulher e detergente em pó" é que esse produto precisa "falar" com essa mulher – e, para isso, as comunicações dos comerciais de detergente em pó têm de se adaptar às suas evoluções e conquistas.

Outro fator que facilitou a escolha da marca Omo foi a força desse nome no território brasileiro. Omo foi eleita por catorze vezes consecutivas a marca mais lembrada na pesquisa nacional Folha Top of Mind, realizada pelo instituto Datafolha desde 1993.

---

[1] Dados de domicílios adquiridos na agência de propaganda Lowe World Wide em fevereiro de 2003.

Segundo o livro *A derrota das marcas, como evitá-las?*, de Georges Chetochine – diretor de estudos e responsável pelo certificado de *marketing* na Universidade Paris IX Dauphine de 1969 a 1981 e presidente do Institut International de Communication, de Marketing et de Distribution –, Omo pode ser considerada uma marca absoluta, por ser uma marca "aspiracional" e líder de mercado, que possui um espaço privilegiado nos pontos-de-venda (espaços nas gôndolas) dos supermercados. Marcas absolutas são as marcas de produtos exigidas pelo consumidor.

A marca torna-se referência comparativa de preço e qualidade entre os consumidores; por esse motivo, os varejistas não se arriscam a descartá-la de suas gôndolas, pois na sua falta os consumidores migrariam do estabelecimento, e não de marca. De acordo com a pesquisa Folha Top of Mind, mais de 50% dos consumidores brasileiros utilizam o produto da marca Omo, que está no mercado há quase cinqüenta anos. Dessa forma, imagina-se que ao menos duas gerações de mulheres utilizem a marca e sejam fiéis a ela.

Todo público busca sistematicamente segurança por meio da promessa de cada marca, motivo principal da identificação entre marca e consumidor. Entre 2002 e 2005, Omo recebeu consecutivamente o selo "Trusted Brand", por ser eleita a marca de maior confiança pelas leitoras da edição brasileira da revista *Seleções*. Essa pesquisa é efetuada mundialmente nos países de distribuição da *Seleções*, sendo realizada no Brasil desde 2002 pela Ipsos/Marplan.

Fabricado pela empresa Unilever, multinacional anglo-holandesa que mais investe em comunicação focada no público feminino, o detergente em pó Omo é a marca mais conhecida no Brasil e líder de imagem e *market share*. No Brasil, a Unilever é detentora das marcas de detergente em pó Minerva, Ala, Brilhante e Surf. Atualmente, seu principal concorrente é Ariel, fabricado desde abril de 1998 pela multinacional norte-americana Procter & Gamble. Em 1997, a Procter & Gamble lançou no Brasil as marcas Ace e Bold, tornando-se a primeira grande concorrente a investir de forma agressiva na televisão desde o lançamento de Omo no mercado, mostrando a importância do valor da marca.

Para Roman e Maas (1994, p. 14),

> uma marca é mais importante do que o produto. É em primeiro lugar um conjunto de valores, valores que oferecem ao mesmo tempo vantagens psicológicas e funcionais ao consumidor: *performance* no uso; preço; embalagens; cor, sabor e odor; formato; associações; e a propaganda da marca. O conjunto desses valores forma a personalidade da marca, tal como é percebida pelo consumidor. A propaganda existe para construir o valor da marca – e vender produtos.

O lançamento da marca Ariel no Brasil foi um marco na comunicação de detergente em pó, refletindo as grandes mudanças de discurso dessa categoria – é a única marca do segmento que utiliza o humor na publicidade comparativa com a concorrente Omo.

Pela teoria de Chetochine, existe uma identificação das consumidoras com as marcas. As análises dos comerciais cobrem as três marcas veiculadas no Brasil, pois a comparação entre Omo Multiação, Omo Progress e Ariel é fundamental para a análise das principais diferenças nos discursos publicitários. Além de possuir alta *performance* como a marca Omo, Ariel, uma de suas concorrentes globais, inovou a comunicação da marca líder no mercado brasileiro com o discurso de simplificação.

Nas palavras de Roman e Maas (1994, p. 22),

o sucesso da Procter & Gamble, que tem vinte marcas nas categorias de produtos para consumidores, todos de alto nível, geralmente é atribuído, de forma errada, aos investimentos em propaganda para superar a concorrência. Na verdade, o segredo das marcas de sucesso da P&G se baseia num compromisso fundamental de desenvolver e manter produtos de qualidade superior.

Uma vez no mercado, o produto deve ser continuamente melhorado para poder fazer frente à competição. A Procter & Gamble não acredita em ciclos de vida de produtos e afirma que ao longo de trinta anos fez 55 modificações significativas na marca Tide.[2]

É a mulher quem decide quais produtos domésticos comprar. Conseqüentemente, é o público-alvo dos comerciais que envolvem as vendas desse segmento. Este livro tem a intenção de analisar o papel da mulher nos comerciais que marcaram as principais fases das campanhas de detergente em pó das marcas Omo e Ariel, desde seu lançamento no mercado brasileiro, criando um paralelo entre a emancipação feminina e a forma de representação comercial das mulheres.

A análise oferece base para a compreensão dos valores aspiracionais das marcas, além de trazer contribuições relativas à percepção das mensagens publicitárias e introduzir um breve histórico sobre o feminismo no Brasil para os especialistas da área de *marketing*, publicitários, criativos e profissionais de comunicação.

A evolução do produto detergente em pó não se restringe apenas à *performance* de limpeza ou brancura, mas envolve também a evolução da representação feminina nos comerciais. Houve um reposicionamento significativo dos papéis

---

[2] Tide é marca de detergente em pó norte-americana da empresa Procter & Gamble

femininos desde o lançamento da marca Omo no Brasil, em 1957. Os publicitários adequaram a forma de representação do posicionamento da mulher nos comerciais; assim, ela deixou de ser a dona-de-casa para assumir os papéis conquistados pela emancipação feminina.

1 A EVOLUÇÃO HISTÓRICA DA EMANCIPAÇÃO FEMININA

Que a mulher sempre exerceu as atividades domésticas não é novidade. O que chama a atenção na análise da evolução histórica da emancipação feminina é que, em alguns momentos, as atividades domésticas tenham servido como instrumento de repressão e dominação:

"Lave sim e fale pouco." Com este cartaz nas lavanderias públicas, a Itália fascista procurava calar a mulher. [...] a disciplina oral opera uma redução na dimensão pessoal e social da mulher, constantemente manifestada pela linguagem verbal. (Talamo, 1989, p. 11.)

A análise da evolução histórica da emancipação feminina no mundo ocidental e no Brasil é a base para a comparação entre os comerciais de detergente em pó veiculados desde o lançamento do produto da marca Omo em 1957. O produto está diretamente relacionado com os afazeres domésticos, e é na palavra "doméstico" que se manifestará a relação de submissão da qual as mulheres buscam livrar-se. No dicionário *Aurélio básico da língua portuguesa* (1995, p. 229), "doméstico" significa: "Adj. 1. Referente a casa, à vida da família; familiar. 2. Necessário ao funcionamento de uma casa, à saúde ou ao conforto de seus moradores. 3. Diz-se do animal que vive ou é criado em casa. S.m. 4. Empregado que executa o serviço doméstico; empregado, criado".

"Doméstico" vem do verbo "domesticar" – "1. Tornar doméstico; amansar; domar. 2. Civilizar; colonizar". A origem da palavra, que descreve as responsabilidades das mulheres de séculos atrás até os dias atuais, mostra que barreiras já foram rompidas, mas ainda há muito por fazer para que as atividades de dominação, ou melhor, domésticas não sejam apenas de responsabilidade feminina.

A história explica o motivo de tanta resistência por parte dos homens em auxiliar as mulheres nas atividades domésticas, já que estas estavam diretamente relacionadas com o castigo.

De acordo com a feminista Simone de Beauvoir (1980, p. 103-5),

> os árabes praticavam o infanticídio em massa, as meninas eram jogadas em fossos assim que nasciam. [...] Os judeus da época bíblica tinham mais ou menos os mesmos costumes que os árabes. Os patriarcas são polígamos e podem repudiar suas mulheres conforme seus caprichos, a mulher deve ser entregue virgem, e **em caso de adultério, vive confinada aos trabalhos domésticos** (grifo nosso).

Atualmente algumas atividades domésticas já são divididas com os homens; essa divisão de tarefas é o começo de um equilíbrio.

O perfil da mulher brasileira foi levantado por meio de dados recentes de pesquisas de mercado especializadas – da multinacional de consultoria Pricewaterhouse Coopers, do Instituto Brasileiro de Geografia e Estatística (IBGE) e da Fundação Perseu Abramo. Ela influencia 72% das compras[3]: conhecer a con-

---

3 Palestra com os diretores de *marketing* do Grupo Pão de Açúcar e Alpargatas realizada em 29/5/2002, no evento "Poder de consumo das mulheres", realizado em São Paulo. Disponível em: http://www.fcc.org.br/servlets/mulher/series_historicas?pg=mtf.html. Acesso em 10 de julho de 2002.

sumidora é útil a todo anunciante, o que explica o crescimento do interesse pelas mulheres. Após o estudo sobre a evolução histórica da emancipação feminina no Brasil, é possível analisar a evolução da mulher nos comerciais de detergente em pó da marca Omo desde 1957.

O segundo sexo, livro de Simone de Beauvoir, faz o levantamento histórico das conquistas femininas e cria paralelos com as diferentes culturas e tradições no mundo. Esse conhecimento foi um facilitador na elaboração da linha de raciocínio deste livro, referente à importância do papel da mulher na construção da sociedade atual. Para atualizar as informações sobre as conquistas mais recentes, o estudo dos livros de Maria Amélia de Almeida Teles, *Breve história do feminismo no Brasil*, e *Feminismo: que história é essa?*, de Daniela Auad, publicados em 1999 e 2003, respectivamente, foi de grande ajuda. A evolução histórica da emancipação feminina está diretamente relacionada com as conquistas feministas. A fim de evitar interpretações preconceituosas, Daniela Auad escreve (2003, p. 14): "o feminismo busca que mulheres e homens compartilhem o poder na sociedade, e não que o poder seja apenas das mulheres".

É conveniente esclarecer o significado do feminismo, pois ainda hoje existe uma visão estereotipada sobre o movimento feminista. As feministas querem a legitimação da mulher como um ser que tem o direito de controlar a própria vida e de construir uma sociedade mais democrática e humana, que elimine um sistema desigual. O feminismo tem um caráter humanista, busca a libertação das mulheres e dos homens em uma sociedade sem preconceitos.

A emancipação feminina no mundo ocidental

Antes de discorrer sobre o tema feminismo, é preciso voltar na história e observar o papel que as mulheres exerciam no mundo ocidental. Como a história sempre foi contada pelos homens, para compreender a atual situação feminina é necessário conhecer como e em quais situações as mulheres viveram – para então entender por que foi preciso lutar por sua liberdade. Segundo Beauvoir (1980, p. 62),

> na Antiguidade, Aristóteles dizia que "a mulher é mulher em virtude da falta de certas qualidades". Alguns séculos depois, Montaigne afirmou que não sem razão as mulheres recusam as regras que são introduzidas no mundo, sobretudo porque os homens as fizeram sem consultá-las.

De acordo com Beauvoir, na Idade da Pedra existia igualdade entre os sexos: a mulher se dedicava à agricultura, enquanto o homem caçava e pescava. A mulher permanecia no lar realizando as tarefas domésticas consideradas trabalho produtivo, como a fabricação de vasilhames, tecelagem etc. Com isso, ela desempenhava um papel importante na vida econômica. A descoberta do cobre, estanho, bronze e ferro e a necessidade de desenvolver a agricultura fizeram que o homem recorresse a serviços de outros homens, que levaram à escravidão. A propriedade privada surgiu com os senhores dos escravos e da terra, e o homem tornou-se também proprietário da mulher.

Para Rose Marie Muraro[4], as primeiras sociedades eram matriarcais, e as relações entre homem e mulher primavam pelo respeito. O homem criou na pré-história a estrutura chamada sociedade de caça, desenvolvendo as primeiras tecnologias, como objetos pontiagudos, lanças, agulhas, flechas para caçar os animais – com fins de alimentação e de proteção do frio. Com isso, deixou de importar-se com o plantio de hortaliças, que era de responsabilidade das mulheres, e passou a preocupar-se em dominar outros homens – e conseqüentemente as mulheres.

---

4 Davis, Sena Filho. *Homens e mulheres são incompatíveis*.

A sociedade de caça tornou a mulher dependente do homem que tinha esse domínio. Ela ficou em um plano secundário: o de submissão.

> Legisladores, sacerdotes, filósofos (como Aristóteles e São Tomás), escritores e sábios empenharam-se em demonstrar que a condição subordinada da mulher era desejada no céu e proveitosa à Terra. As religiões forjadas pelos homens refletem essa vontade de domínio: buscaram argumentos nas lendas de Eva, de Pandora, puseram a filosofia e a teologia a serviço de seus desígnios. (Beauvoir, 1980, p. 16)

Na época do feudalismo, entre os séculos IX e XIII, a Igreja exercia grande influência econômica e ideológica. Por esse motivo, os altos cargos da Igreja eram ocupados por filhos homens de famílias nobres, e os conventos eram dirigidos por suas filhas mulheres. Assim, na Idade Média, clero e nobreza estavam ligados por relações de parentesco.

No século XIII, começaram a perseguição e o extermínio das bruxas. A Inquisição reprimia a sexualidade feminina; muitas mulheres foram queimadas nas fogueiras por suspeita de heresia, bruxaria, magia ou loucura.

Entre os séculos XIII e XIV, o casamento era um sacramento no qual o pai da moça entregava-a ao padre, e este, ao futuro marido. Pouco se sabe sobre os casamentos entre as pessoas pobres do campo ou da cidade. Os documentos somente revelam informações sobre os grandes casamentos entre a nobreza. A Igreja condenava os prazeres físicos e o marido não poderia amar excessivamente a esposa, para não transformá-la em prostituta:

> Esposa, mãe e viúva, as três situações vividas pela mulher dentro do meio familiar mostram as desigualdades no valor e na importância da mulher para a família. Não bastava ser esposa, muito menos viú-

va; era preciso ser mãe. A capacidade de gerar filhos, principalmente do sexo masculino, garantia-lhe um lugar entre os demais familiares. (Bauer, 2001, p. 24)

Se a mulher não fosse mãe, era obrigada a entrar para um convento. Por outro lado, a vida em um convento era a única oportunidade de desenvolver faculdades intelectuais e culturais. No convento a mulher possuía responsabilidade e autonomia para ajudar a comunidade.

A condição feminina na Europa feudal era de dependência total do sexo masculino. As mulheres não tinham nenhum direito jurídico: precisavam pedir a autorização do senhor feudal para casar e tinham de pagar para ter um esposo. "Não era raro que uma mulher, para obter o dote, tivesse de se submeter a servidão ainda maior, chegando mesmo a prostituir-se para obter o dinheiro necessário." (Bauer, 2001, p. 24)

Nesse período, como juridicamente não poderia manter nenhum bem, a mulher, por ocasião de seu casamento, transferia ao marido a responsabilidade por todas as suas posses. A mulher da nobreza era proibida de herdar feudos.

De acordo com Beauvoir (1980, p. 74),

> a transmissão da propriedade faz-se de pai a filho, e não mais da mulher a seu clã. É o aparecimento da família patriarcal baseada na propriedade privada. Nessa família a mulher é oprimida. O homem, reinando soberanamente, permite-se, entre outros, o capricho sexual: dorme com escravas, é polígamo.

Por volta do século XIV, a situação feminina ficou cada vez pior. As mulheres não podiam mais exercer funções que antes realizavam, como a medicina, e não lhes era facultado cursar as universidades. Com isso, o poder masculino reinou na Baixa Idade Média.

Na sociedade medieval, as mulheres trabalhavam tanto quanto os homens; na indústria têxtil, eram agulheiras, fabricantes de elmos e armaduras, ferreiras... Na Inglaterra também trabalhavam na fabricação de cervejas. Eram as responsáveis pela agricultura, pela manutenção e afazeres domésticos. Nesse período, já desempenhavam a dupla jornada de trabalho, com o agravante de terem de produzir os materiais a serem utilizados, como o sabão, e de não serem reconhecidas pelo seu trabalho, ganhando menos que os homens.

> As camponesas trabalhavam no campo cotidianamente e as mulheres da nobreza teciam e organizavam a casa. Na Alta Idade Média, havia artesãs nas oficinas dos feudos. Tecidos e sabão, por exemplo, eram produzidos com mão-de-obra feminina. (Auad, 2003, p. 33)

No século XIV, houve grandes transformações, como o fim do monopólio clerical e a evolução da ciência. Mas inovações não ocorreram com a mulher. A idéia de que o lugar da mulher era dentro de casa continuava sedimentada, assim como as mulheres continuavam sem direito à herança. Os bens eram entregues apenas aos homens primogênitos. As mulheres viúvas precisavam de autorização dos grêmios para continuar com os ofícios dos maridos.

Na Idade Moderna, o trabalho feminino foi declarado oficialmente "desonesto e infamante", não somente para as mulheres que o executavam, como também para os homens que permitiam que este se realizasse (Bauer, 2001, p. 53).

Segundo Maria Amélia de Almeida Teles, no século XVII, além de ser responsável pelas atividades do lar, a mulher deveria se colocar de forma subalterna em relação ao homem, aceitando passivamente o que lhe fosse determinado. Se uma menina demonstrava sinais de inconformismo ou rebeldia, era internada em um convento, para onde as mulheres que não conseguiam casamento por falta de pretendentes também iam.

A essa mulher ensinavam apenas a lavar, coser e fazer renda. Instrução – leitura, escrita e contas – era coisa de homens. Consta que, em São Paulo, no século XVII, apenas duas mulheres sabiam assinar o nome. E para a mulher receber alguma instrução, tinha de entrar no convento. (Teles, 1999, p. 19)

Uma ocupação feminina importante do século XVIII era a de ama-de-leite. Como o índice de mortalidade infantil era alto, algumas mães tinham pouco contato com seus bebês, voltando a vê-los apenas quando já estivessem caminhando. Muitas amas-de-leite tiveram de abandonar os próprios filhos para cuidar de bebês da nobreza.

Algumas mulheres trabalhavam na tecedura e confecção de peças de pano. Um ofício exclusivo da mulher era o de parteira – porém, com a disputa entre os cirurgiões e as parteiras, ao longo do tempo os cirurgiões começaram a se impor nessa atividade.

No final do século XVIII, as tarefas entre homens e mulheres estavam mais bem definidas. A mulher deveria cuidar de seus filhos e dos afazeres domésticos, e o homem, trabalhar fora e sustentar a família. O conceito de trabalho passou a ser vinculado ao trabalho masculino e fora do lar.

Para Bauer (2001, p. 60), "as tarefas desempenhadas pela mulher no âmbito do lar deixaram de ser consideradas trabalho, solapadas pela idéia do amor, da felicidade familiar e doméstica".

Na primeira metade do século XIX, as mulheres voltaram a conquistar seu espaço. Com a Revolução Industrial, elas retornaram ao trabalho e, no final do século XIX, eram maioria nas indústrias têxteis. No entanto, começava aí o preconceito contra as mulheres casadas: "Numa fábrica de algodão de Lancashire [...] estavam casadas apenas 25% das trabalhadoras" (Bauer, 2001, p. 69).

Na sociedade contemporânea, as mulheres tornaram-se dominantes na área do ensino, mas mesmo assim sofreram perseguições. Eram malvistas e controladas. "A professora do fim do século XIX era uma figura de mulher corajosa que rompeu com a tradição" (Bauer, 2001, p. 69). Elas foram as primeiras a reivindicar a igualdade nos salários.

Com a Guerra da Criméia (1854), surgiu a profissão de enfermeira, que começou com jovens oferecendo-se para trabalhar nos hospitais de campanha. No entanto, nos EUA, no dia 8 de março de 1857, como forma de repressão ao movimento operário, "129 operárias foram queimadas vivas numa indústria têxtil na cidade de Nova York, enquanto reivindicavam a redução da jornada de trabalho para 15 horas diárias" (Bauer, 2001, p. 92). Desde 1910 essa data é comemorada mundialmente como o Dia Internacional da Mulher.

Segundo Beauvoir (1980), o verdadeiro fundador do feminismo foi um homem, Léon Richier. L'Association pour les Droits de la Femme foi criada em 1869. Richier organizou o Congresso Internacional desses direitos em 1878. Nessa época, a questão do direito de voto não era abordada, a mulher restringia-se a reclamar somente os direitos civis. Durante trinta anos, o movimento foi tímido na França e na Inglaterra.

Segundo Beauvoir (1980, p. 158), "uma mulher, no entanto, Hubertine Auclert, inicia uma campanha sufragista; cria um grupo, Suffrage des Femmes, e um jornal, La Citoyenne. Numerosas sociedades constituem-se sob influência, mas com atuação bem pouco eficiente".

A Primeira Guerra Mundial (1914-1918) contribuiu para a incorporação das mulheres no trabalho industrial como forma de substituição aos homens. Elas assumiram a casa e os trabalhos na agricultura ou indústria. Surgiram as creches, mas muitas vezes as mulheres mais velhas tornaram-se responsáveis por cuidar das crianças. No final da guerra, muitas mulheres foram despedidas ou continuaram a fazer, com pior remuneração, os trabalhos que os homens se negavam a realizar.

A partir de 1939, com a Segunda Guerra Mundial, a situação voltou a se repetir. As mulheres assumiram os cargos dos homens, porém, dessa vez, continuaram atuantes após o final do conflito bélico. Dois terços das mulheres em idade de trabalhar dedicavam-se ao lar, e o restante realizava dupla jornada de trabalho. No seu tempo livre, elas arrumavam as próprias casas.

Na França, Simone de Beauvoir (1908-1986) publicou em 1949 o já citado livro *O segundo sexo*, uma análise da condição da mulher. É famosa sua frase: "Não se nasce mulher: torna-se mulher". A obra retrata os vários aspectos culturais e religiosos no decorrer da história que acabaram por oprimir a mulher.

Durante a Segunda Guerra Mundial, Simone de Beauvoir conviveu com as dificuldades que a mãe enfrentou como dona-de-casa. "Mais tarde, ela contaria que essa situação a fez prometer a si mesma jamais tornar-se uma dona-de-casa ou mãe. Decidiu, a partir daí, dedicar-se à carreira de professora" (Braun, 2003, p. 196).

Como algumas mulheres à frente de seu tempo, Simone de Beauvoir nunca se casou, mas viveu com Jean-Paul Sartre durante 51 anos. Ambos "decidiram permitir romances ocasionais para que, assim, pudessem expandir suas experiências" (Braun, 2003, p. 196). O relacionamento pouco convencional para os anos 1930 desagradou à sua família, mas não impediu que Simone e Jean-Paul crescessem mutuamente em suas carreiras.

No mundo ocidental, deve-se destacar também o trabalho de Betty Friedan, nascida em 1921: "[...] foi uma das primeiras pessoas a defender a idéia de que as mulheres deveriam ser pagas por todos os seus trabalhos domésticos e voluntários que fazem como esposas e mães" (Braun, 2003, p. 60).

Seu livro *A mística feminina*, publicado em 1963, denuncia a idéia aceita pela maioria dos homens de que as mulheres deveriam ser plenamente felizes ao sacrificar seus sonhos pela família. A autora procurou mostrar que as mulheres são infelizes por deixarem de crescer e explorar suas potencialidades. Ela lutou por um plano de vida que permitisse às mulheres terem família e carreira e serem respeitadas e reconhecidas também como esposas e mães.

Betty Friedan foi a primeira presidente da National Organization for Women (NOW), em 1966, posto que ocupou até 1970. Nesse período, combateu as idéias do Movimento de Libertação (LIB), pois este começava a defender o "chauvinismo feminino", que considerava os homens cidadãos de segunda classe.

Em 1974, na Argentina, Isabel Perón foi aclamada a primeira mulher presidente da República. Nos Estados Unidos, em 1980, Sally Ride tornou-se a primeira mulher astronauta, ao voar na nave espacial Challenger.

Em 1990, na Argentina, chegou ao auge a luta de um grupo de mães – Las Locas de la Plaza de Mayo, como eram chamadas pela ditadura –, que costumavam se reunir diante da sede do governo argentino para exigir notícias sobre seus filhos e netos, vítimas de perseguição política. Muitas jovens foram presas grávidas ou com os filhos pequenos, sob a acusação de subversivas. As Mães da Praça de Maio continuam mobilizadas no século XXI, combatendo as violações dos direitos humanos na Argentina e em outros países latinos.

Este breve histórico sobre a emancipação feminina no mundo ocidental oferece a base para podermos discorrer sobre o item seguinte.

A emancipação feminina no Brasil

De acordo com Bauer (2001, p. 111), "quando da chegada dos primeiros europeus, o território que hoje é ocupado pela sociedade brasileira era povoado por uma infinidade de grupos humanos (guararapes, tamoios, guaicurus, guaranis etc.) que erroneamente chamamos de índios".

Na organização dessas nações indígenas, o papel da mulher era fundamental para a educação, para o trabalho doméstico e para a agricultura. As famílias possuíam organizações poligâmica, monogâmica ou poliândrica (casamento de uma mulher com vários homens).

A chegada dos europeus dizimou vários povos nativos com a violência física, moral e cultural. As doenças infecciosas ajudaram a exterminar populações inteiras. A mulher nativa "chega a praticar atitudes de puro desespero, como o aborto, o infanticídio e mesmo o suicídio como parte de sua heróica resistência" (Bauer, 2001, p. 113).

Para evitar o anseio dos primeiros colonizadores de voltar à terra natal, as expedições trouxeram as primeiras mulheres européias para o Brasil – prostitutas e outras criminosas perseguidas em Portugal.

> Sua chegada foi fundamental; [...] pelo menos, satisfaziam suas "necessidades sexuais" e se prestavam à realização dos serviços domésticos cotidianos, cuidando da limpeza, costura das roupas, do preparo da comida e mesmo da administração de algumas feitorias. (Bauer, 2001, p. 115)

Nas colônias, as mulheres livres e brancas trabalhavam exaustivamente em diversas profissões para sustento próprio e de seus filhos; muitas chegavam a se prostituir.

Porém já havia mulheres que não aceitavam tal condição, como dona Brites de Albuquerque, esposa de Duarte Coelho Pereira, que administrou por alguns anos a capitania de Pernambuco. Depois disso, no século XVII, as mulheres de Pernambuco e Bahia participaram ativamente da luta contra os holandeses.

No século XIX, as mulheres brasileiras eram donas-de-casa, esposas e mães. Com a proibição do tráfico negreiro, em 1850, algumas começaram a se destacar na luta abolicionista. Revistas feministas, como *Ave Libertas*, criada em Recife em 20 de abril de 1884, já publicavam alguns artigos a respeito. Mas foi Maria Amélia de Queiroz quem, em 1887, proferiu palavras públicas sobre a abolição. De acordo com Maria Amélia de Almeida Teles, uma das primeiras feministas do Brasil foi Nísia Floresta Brasileira Augusta, que nasceu no Rio Grande do Norte, em 1809. Recebeu críticas da imprensa, que não compreendia nem aceitava suas idéias, como a educação e emancipação da mulher. Esteve no exílio na França e morreu em 1885.

Na década de 1920, o desenvolvimento industrial proporcionou trabalho para a mão-de-obra branca. A abolição da escravatura também deu oportunidade de trabalho para as mulheres negras, que sustentavam a família sozinhas, pois eram as únicas que conseguiam serviço remunerado. A mulher operária recebia salários menores e era duplamente explorada, já que ainda se responsabilizava pelas atividades do lar (o papel da mulher dentro de casa não mudara muito). De forma geral, o mundo de muitas mulheres ainda era submisso e exclusivamente dedicado à administração da casa e formação dos filhos. Porém as lutas e propostas de mudança foram significativas.

Só no ano de 1922, tivemos a Semana de Arte Moderna, a Revolta do Forte de Copacabana e a fundação do Partido Comunista do Brasil. Com a Semana de Arte Moderna, iniciou-se um marcante salto cultural. Os desenhos fantásticos de Anita Malfatti apareceram com um novo grafismo, distante da academia. (Teles, 1999, p. 44)

O sufrágio feminino já existia nos Estados Unidos desde 1922. No mesmo ano, organizou-se o primeiro movimento pelos direitos da mulher no Brasil, comandado por Bertha Lutz, líder da Federação Brasileira pelo Progresso Feminino. "Bertha Lutz era filha de uma enfermeira inglesa e de um dos mais importantes cientistas brasileiros de seu tempo, Adolfo Lutz" (Pinto, 2003, p. 21). Sua condição de pertencer a duas elites (a econômica e a intelectual) possibilitou seus estudos em Paris, onde entrou em contato com as sufragistas.

Como relata Giselle Gubernikoff (1992), as transformações mundiais, conseqüências da sociedade de consumo e do processo de industrialização da época, transformaram os conceitos da família paulista, que até então herdara o tradicionalismo escravagista patriarcal.

Em 1926 surgiu a televisão no mundo, ampliando o acesso à informação – no Brasil, porém, a TV só chegaria em 1950. Bem antes disso, em 1928, o governador do Rio Grande do Norte, Juvenal Lamartine, aprovou alteração na lei eleitoral nº 660 para conferir o direito de voto às mulheres em seu Estado. Elas foram às urnas, mas seus votos foram anulados pela Comissão de Poderes do Estado. No entanto, Celina Guimarães Vianna deu entrada a uma petição para conseguir incluir seu nome na lista dos eleitores. O juiz Israel Ferreira deu despacho favorável. Celina tornou-se a primeira eleitora do Brasil.

A década de 1930 foi de conquistas para a mulher na participação no governo. Foi aprovado no Senado, em 1930, um projeto que estendia o direito de voto às mulheres. Porém, com a revolução daquele ano, as atividades parlamentares foram suspensas. Em 1934, ocorreu a primeira eleição em que as mulheres obtiveram o direito de votar – e de serem votadas. Antonieta de Barros elegeu-se a primeira deputada estadual pelo Partido Liberal Catarinense – a primeira negra a exercer um cargo político no Brasil. Após a vitória, a luta da mulher passou a se concentrar na questão do trabalho feminino e na proteção à maternidade e às crianças.

De acordo com Teles (1999, p. 46), "Bertha Lutz elaborou, então, o Estatuto da Mulher, com algumas reivindicações necessárias, como, por exemplo, maior tempo de licença de gravidez".

No Brasil, em 1937, deflagrou-se o golpe de Estado de Getúlio Vargas; a luta da mulher fundiu-se com a do povo, que resistia à ditadura e defendia a democracia. Na área das artes, Cordélia Ferreira inaugurou o radioteatro no Brasil. Nos esportes, Maria Lenk bateu dois recordes mundiais (1939), nos 200 e nos 400 metros nado peito. Foi criado o Curso de Educação Física na Universidade do Brasil, atual Universidade Federal do Rio de Janeiro (UFRJ). Ocorreu o sufrágio feminino na França, Itália e Japão.

Nos anos 1940, a mulher começou a ser mais ativa em seus cargos. O Instituto Profissional Feminino passou a se chamar Ginásio Industrial Orsina da Fonseca, em homenagem à primeira-dama Orsina Francione da Fonseca, mulher do presidente Marechal Hermes da Fonseca. Preocupada com as causas sociais, foi atuante nas ações de assistência aos mais necessitados.

Em 1945, com o fim da guerra, surgiu no Rio de Janeiro o Comitê de Mulheres pela Democracia. Também foi fundada a Associação de Donas-de-Casa contra a Carestia.

Nas palavras de Auad (2003, p. 47),

> no fim da guerra e com a volta da força de trabalho masculina, a ideologia da diferenciação dos papéis por sexo e da inferioridade feminina foi fortemente reativada. Os meios de comunicação logo se apressam em veicular mensagens que reforçassem a idéia de que o espaço doméstico cabia à mulher, enfatizando a imagem de "rainha do lar".

Em maio de 1947, foi criada a Federação das Mulheres do Brasil (FMB), cuja primeira presidente foi Alice Tibiriçá, batalhadora do direito ao voto e da defesa do petróleo brasileiro.

No dia 19 de junho de 1951, foi aprovada pela Organização Internacional do Trabalho a Convenção de Igualdade de

Remuneração entre trabalho masculino e feminino para a mesma função. Também nesse ano, a paulistana Ada Rogato voou sozinha pelas três Américas – a primeira aviadora do mundo a percorrer uma quilometragem tão extensa em vôo solitário. Em 1962, o presidente João Goulart sancionou a Lei nº 4.121, que ampliou os direitos da mulher casada no Brasil. Nos Estados Unidos, em 1963, Betty Friedan escreveu *A mística feminina* e *O eunuco feminino*. Em 1970, Germaine Green apresentou uma crítica do papel subordinado da mulher na sociedade.

Por muitos anos, a mulher continuou nesse papel de submissão, mas na década de 1960 houve uma ruptura com tal sistema, iniciando o movimento de libertação feminina no Brasil. Houve mudanças radicais nos hábitos e nos conceitos sobre a mulher; os tradicionais papéis femininos, fortemente influenciados pela origem patriarcal da cultura brasileira, sofreram uma brusca ruptura. Os comunicadores e as consumidoras perceberam que tanto a mulher individualmente quanto a sociedade sofreram mudanças.

No decênio em questão, com o surto industrial do governo de Juscelino Kubitschek, registrou-se um grande marco da emancipação feminina, quando a mulher entrou no mercado de trabalho. Agora ela passava a trabalhar fora, abalando o código familiar tradicional. Apesar de labutar tanto quanto os homens e ainda realizar os afazeres domésticos, as brasileiras tinham salários defasados, que não divergiam das condições das francesas.

> Economicamente, homens e mulheres constituem como que duas castas; em igualdade de condições os primeiros têm situações mais vantajosas, salários mais altos, maiores possibilidades de êxito que suas concorrentes recém-chegadas. Ocupam na indústria, na política etc. maior número de lugares e os postos mais importantes. (Beauvoir, 1980, p. 14)

Dócil, submissa, sem reclamar dos salários menores que os de seus colegas homens, a mulher foi exercendo as tarefas mais monótonas e repetitivas. Obediente às novas orientações que exigem mais destreza e produtividade, ela foi amplamente incorporada aos serviços das empresas. (Teles, 1999, p. 57)

O Conselho Nacional das Mulheres foi uma das únicas instituições que sobreviveram à ditadura militar. Em 1960, nos Estados Unidos, iniciou-se o movimento feminista, paralelamente à luta dos negros norte-americanos pelos direitos civis e aos movimentos contrários à Guerra do Vietnã. A disseminação da televisão e das novelas nas décadas de 1960 e 1970 passou a criar e propagar novos modelos femininos, o uso da pílula anticoncepcional e a lei do divórcio, entre outros.

Com a vinda da feminista Betty Friedan ao Brasil, no final da década de 1960, o movimento de liberação feminina tomou outro rumo. Tornou-se o primeiro evento a discutir a condição da mulher em uma época em que era vedada sua prática política. A agitação dos debates sobre o feminismo, o comportamento e a sexualidade das mulheres gerou polêmicas e ocupou as manchetes dos jornais. A mão-de-obra feminina no mercado de trabalho dobrou, e sua escolaridade, sobretudo a universitária, também aumentou progressivamente.

Segundo Teles (1999, p. 56), "se em 1950 a proporção de trabalhadoras mulheres era de 13,5%, em 1970 quase dobra esse número (20,8%), e seis anos mais tarde (1976) a porcentagem de mulheres economicamente ativas atinge 28,8%. Em 1985, chegou a quase 37%".

A segunda metade dos anos 1960 é marcada pelo início dos movimentos feministas e pela discussão da condição feminina no Brasil. Um forte indicador desse momento foi o surgimento, no final da década, da primeira revista dedicada à mulher, a *Claudia*, que ainda hoje é a publicação feminina com maior circulação no mercado brasileiro. Nessa época, a psicóloga Carmem da Silva escrevia para a revista, abordando em seus artigos problemas do cotidiano da mulher da classe média e questionando o comportamento tradicional feminino:

"Deve a recém-casada trabalhar?", "Trabalhar para não ser bibelô", "A conquista de um lugar ao sol", "Independência e amor" eram temas por ela abordados em textos que procuravam orientar as mulheres em direção à autonomia. (Teles, 1999, p. 62)

Nesse período, com a entrada da mulher no mercado de trabalho e com o advento da pílula anticoncepcional (principais fatores da emancipação feminina), a mulher luta pelo reconhecimento de sua individualidade, pelo direito ao próprio prazer e pelo exercício livre de sua sexualidade, sem o risco da gravidez não planejada. Em conseqüência, nos anos 1970 iniciou-se o processo de redução da taxa de natalidade no Brasil.

Juntamente com a liberdade comportamental, a mulher conquistou a independência econômica, passando a ter voz ativa, a ser ouvida e a alcançar os meios para a realização dos próprios desejos. Ela tem dinheiro e segurança para investir em si. Seu tempo passa a ser dedicado ao trabalho e todo o mercado de consumo se direciona para essa mulher emancipada, criando novos eletrodomésticos e os congelados – e trazendo com eles novos profissionais especializados na educação de seus filhos, algo que deixa de ser censurado. Inicia-se uma fase de profissionalização de técnicas preparadas para a formação de crianças e adolescentes, cada vez mais carentes do tempo junto à mãe. Não há mais constrangimento em assumir incompetência para o trabalho doméstico e para a educação dos filhos.

Em 1974, no Rio de Janeiro, um grupo de intelectuais, universitárias e donas-de-casa articulou as comemorações que culminaram na criação do Centro da Mulher Brasileira (CMB), primeira organização representativa do novo feminismo. Em São Paulo, outro grupo de mulheres montou o Centro de Desenvolvimento da Mulher Brasileira (CDMB). Também eclodiu o Movimento Feminino pela Anistia (MFA), unido à luta pela redemocratização do país. O MFA era presidido por Terezinha Zerbini, que teve o marido, general Zerbini, preso e perseguido após o golpe de 1964. O movimento foi retratado no boletim "Maria Quitéria".

Em 1977, foi aprovada a Lei do Divórcio – Lei nº 6.515. Com sua chancela, homens e mulheres puderam legitimar um segundo casamento. Um ano depois, em 1978, ocorreu o I Congresso da Mulher Metalúrgica, no Sindicato dos Metalúrgicos de São Bernardo do Campo, no estado de São Paulo, com a participação de trezentas trabalhadoras. Na direção da mesa, porém, só havia homens. Na ocasião, levantaram bandeiras que ainda hoje são almejadas pelas mulheres, a saber: salário igual para trabalho igual; acesso a cargos de chefia sem discriminação por sexo; iguais oportunidades de trabalho; fim do trabalho noturno; direito de amamentação durante o período de trabalho; extinção do controle de tempo para ir ao banheiro, entre outras.

Na década de 1980, o processo de emancipação feminina se aprofundou e se consolidou. Comprovaram-se a institucionalização e o fortalecimento dos movimentos feministas no país – foram criados o Conselho Nacional da Mulher e a Delegacia da Mulher.

Vários programas televisivos dirigidos às mulheres começaram a ser transmitidos, com uma linha editorial orientada para a discussão de seu papel na sociedade – *TV mulher*, *Malu mulher* e outros. Nesse período, elas invadiram o mercado de trabalho, e uma minoria já conseguia alcançar postos de destaque, ocupando até mesmo cargos antes exclusivamente masculinos – de presidente de empresa a motorista de ônibus, passando por mecânico de avião. Em razão de tais conquistas, a mulher optou por casar e ter filhos mais tarde.

Em 1988, aconteceu a greve das operárias da De Millus, marca de *lingerie* feminina, que se escondia sob o *slogan* "De Millus, feito com amor" e obrigava suas funcionárias à humilhação da revista obrigatória no final do expediente. O Conselho Estadual dos Direitos da Mulher do Estado do Rio de Janeiro divulgou o seguinte cartaz:

> **Calcinhas De Millus fazem mal à mulher.**
> As mulheres que trabalham na fábrica de *lingerie* De Millus, no Rio de Janeiro, são obrigadas a tirar a roupa e a calcinha diante de segurancas para provar que não estão levando nada para casa.
> Isto é uma indignidade, isto é uma afronta, isto é um estupro moral.
> (Teles, 1999, p. 110)

Como conseqüência de suas conquistas, a mulher se masculinizou para competir e garantir espaço em território dos homens. O modelo passou a ser o da executiva americana: eficiente, impessoal, forte, determinada, fria e implacável – mas a mulher acabou por ficar prisioneira desse modelo, mudando até fisicamente. Ela precisava ser a melhor em tudo: a melhor profissional, a melhor empresária, a secretária mais eficiente, a executiva mais sagaz, a melhor na cama, sempre disposta, sem desespero, sem tédio, sem fim. Com todas essas cobranças, em 1980 foi ao ar o primeiro programa nacional sobre comportamento sexual na televisão, apresentado na TV Globo por Marta Suplicy – que seria eleita prefeita de São Paulo em 2000.

Em 1984, a velocista Aneelise tornou-se a primeira brasileira portadora de deficiência visual a ganhar medalha de ouro em atletismo, nos 100 metros rasos. No ano seguinte, surgiu em São Paulo a primeira Delegacia de Atendimento Especializado à Mulher (Deam), e rapidamente várias outras foram implantadas em outros estados brasileiros. Em 1988, Luiza Erundina foi eleita a primeira prefeita da cidade de São Paulo, pelo Partido dos Trabalhadores (PT). Luiza, juntamente com as lideranças sindicais do ABC Paulista, ajudou a fundar o PT. Governou a cidade de São Paulo de 1989 a 1992.

No Brasil, o Congresso Nacional incluiu o sistema de cotas na legislação eleitoral, obrigando os partidos políticos a inscrever no mínimo 20% de mulheres em suas chapas proporcionais (Lei n.º 9.100/95 – § 3º, art. 11). Nélida Piñon foi eleita presidente da Academia Brasileira de Letras – a primeira mulher a assumir o cargo.

Depois de tanta luta, iniciaram-se os questionamentos sobre as próprias conquistas. A mulher "culpava-se" pelos múltiplos papéis que acumulou, como é possível observar no relato do grupo feminista do Rio Grande do Sul, que deixou de se reunir por motivos de autodissolução no final da década de 1980, pois a entrada das mulheres no mundo masculino (mercado de trabalho) não correspondeu à entrada dos homens no mundo feminino.

> Pegou o exemplo de dona Maria que **não saiu do tanque e ao mesmo tempo saiu para fazer todas as outras coisas**, num esforço desesperado e cansativo de travestir-se de mulher-maravilha e, **dá-lhe culpa**, não conseguiu eficiência em tudo. [...] As tarefas domésticas continuam sendo coisas de mulher. (Teles, 1999, p. 95, grifos nossos)

O feminismo como existiu nas décadas de 1970 e 1980 sofreu modificações nos anos 1990. Atualmente, os grupos de reflexão, associações, e manifestações públicas feministas têm pouca expressão, mas atuam de forma profissional com as inúmeras organizações não-governamentais (ONGs) voltadas ao interesse feminino. "Enquanto o pensamento feminista se generaliza, o movimento, por meio das ONGs, se especializa" (Pinto, 2003, p. 91).

Ainda segundo Pinto (2003, p. 97),

> entre as ONGs associadas à Abong (Associação Brasileira de ONGs), é possível verificar organizações que se ocupam das mulheres rurais, de mulheres portadoras de HIV, mulheres parlamentares, mulheres negras, mulheres prostitutas etc. Este conjunto dá a medida de uma das características marcantes desta nova fase do feminismo de ONG: a segmentação das lutas.

Nos anos 1990, as conquistas se sedimentaram. As mulheres se perceberam como sujeitos da própria existência. Aumentou o nível de escolarização da mulher e o número de lares chefiados por elas. A mulher da classe média urbana passou a ter voz ativa, ser ouvida, respeitada, exercer sua sexualidade e encontrar maior equilíbrio na relação com o homem.

Entretanto, tantas conquistas trazem conseqüências. A revista *Veja* de 1º de maio de 2002 publicou uma matéria de Sheila Grecco com o seguinte título: "Poder e solidão. Mulheres bem-sucedidas têm menos chance de casar e ter filhos. E não estão felizes assim". Verifica-se que a mulher foi até o limite e agora está cansada, estressada, infeliz e sozinha. Na reportagem é possível observar que a independência assusta os homens, que ainda buscam mulheres submissas prontas para satisfazer seus desejos. A mulher sofre hoje as dores da emancipação: ela implode com a sobrecarga de tarefas e funções e a autocobrança por perfeição.

O desejo de ser mãe e cuidar dos filhos gera o sentimento de culpa por não conseguir conciliar todos esses papéis. A maternidade entra em conflito com a carreira, porque é antiprodutiva. O ideal de mulher é a mulher ativa, dinâmica, independente, confiante em sua potencialidade, que exerce sua vaidade e sua sexualidade.

No século XXI, a vaidade não é mais discriminada. A mulher trabalha tanto quanto o homem, mas percebe que não precisa se masculinizar. Ela resgata a feminilidade. Verifica-se a busca do feminino com a moda de roupas transparentes, a alta procura por cirurgias plásticas estéticas e o orgulho pela maternidade (com roupas que deixam a barriga das mulheres grávidas à mostra).

No entanto, o acúmulo de papéis minimiza as oportunidades de ascensão. A mulher precisa focar sua energia na carreira, nos filhos e na casa. O homem tem mais tranqüilidade em focar suas energias apenas no trabalho.

Os homens estão começando a desenvolver sua paternidade – é um direito e um dever –, porém sua entrada no mundo feminino restringe-se a uma pequena parcela da população. Eles começam a se envolver com a culinária, ajudam a lavar a louça e a roupa e dividem responsabilidades no cuidado com as crianças. Contudo, quanto mais baixa a classe social, mais preconceitos existem em relação aos trabalhos domésticos.

As mulheres são extremamente competentes por conseguir conciliar, ao mesmo tempo, os papéis de mãe e profissional. No mercado de trabalho, essa competência não é alardeada, pois os papéis foram assumidos naturalmente, sem o reconhecimento merecido. Exemplo: as esposas têm orgulho de falar que seus maridos cozinham, ajudam em casa e na educação dos filhos. Já a recíproca não é verdadeira, pois essas atividades são parte do cotidiano da mulher.

Desde o início da sua inclusão nas atividades remuneradas até os dias de hoje, em boa parte das profissões as mulheres recebem salários inferiores aos dos homens. No século XXI, essa realidade está começando a mudar, como no trabalho exercido pelas caminhoneiras, que recebem por carga entregue, pelas cortadoras de cana, que recebem por saca cortada, pelas empregadas domésticas que trabalham com limpeza nas empresas terceirizadas, pelas professoras, publicitárias e artistas, entre outras. Porém, com os dados estatísticos apresentados no próximo tópico, é possível verificar o histórico das diferenças salariais entre homens e mulheres – e, assim, analisar a situação atual destas no mercado de trabalho.

A mulher e o trabalho no novo milênio
Não é de hoje que em algumas áreas de trabalho as mulheres realizam as mesmas funções e recebem salários inferiores aos dos homens; "segundo inquérito realizado na França em 1889-1893, para um dia de trabalho igual ao de um homem, a operária só obtinha metade da remuneração masculina" (Beauvoir, 1980, p. 151). Em 1918, a situação era um pouco melhor na América do Norte; a mulher ganhava 25% a menos do que o homem.

Segundo Beauvoir (1980, p. 151), "era impossível à mulher, assim explorada, viver sem esmola ou sem protetor. Em 1911 e 1943, os salários femininos na França se elevaram um pouco mais rapidamente do que os dos homens, mas permaneceram nitidamente inferiores".

Mesmo com salários inferiores, o processo de emancipação da mulher é irreversível. A mulher se tornará cada vez mais independente em termos financeiros, principalmente porque possui atributos desejáveis à economia moderna, como intuição, flexibilidade, criatividade, perseverança e determinação. Os salários inferiores são conseqüência da carga histórica que a mulher carrega.

> O Senhor e o escravo estão unidos por uma necessidade econômica recíproca que não liberta o escravo [...] A mulher sempre foi, se não a escrava do homem, ao menos sua vassala; os dois sexos nunca partilharam o mundo em igualdade de condições. (Beauvoir, 1980, p. 14)

Os dados que Simone de Beauvoir relatou há 26 anos refletem a realidade do século XX. Na pesquisa realizada pela professora doutora Mauren Leni de Roque na periferia de São

Paulo, em 1982, é possível verificar a luta da mulher brasileira de baixa renda para conseguir começar a trabalhar: "Marli casou-se porque o pai não a deixava sair nem para estudar. Mas o casamento piorou as coisas, com o marido mantendo o mesmo quadro coercitivo do qual ela julgou fugir com o casamento" (Roque, 1982, p. 56).

Quando elas conquistavam a possibilidade do trabalho remunerado, tinham dificuldades em conciliar os papéis de mulher, mãe, dona-de-casa e profissional.

> Para a mulher da periferia, os papéis de mãe e de dona-de-casa estão situados acima dos papéis de mulher e profissional. A maternidade é assumida como algo necessariamente vinculado à experiência do matrimônio e a vivência no cuidado com os filhos decorre naturalmente daquela, sem prejuízo para expectativas outras que não o desempenho das atribuições como mãe. (Roque, 1982, p. 50)

A pesquisa realizada na periferia constatou que alguns maridos recebiam melhores salários do que a média do bairro, predispondo as mulheres a continuar sem exercer atividades remuneradas. Essa atitude estava diretamente relacionada com a dificuldade delas em conciliar o trabalho com as responsabilidades da casa e a guarda dos filhos, pois muitas não contavam com a possibilidade de deixá-los em creches ou com vizinhos para trabalhar. Segundo Roque (1982, p. 50),

> o aspecto da liberação do trabalho da mulher em casa e sua oportunidade de ingresso no mercado de trabalho permanece em segundo plano, provavelmente só se mostrando evidente quando as condições de vida se tornam insustentáveis a partir do salário do marido.

Em 1982, as mulheres casadas da periferia de São Paulo preferiam trabalhar com atividades que já realizavam em casa

– como serventes, ajudantes de cozinha, copeiras ou trabalhando em casa de família. Já as mais novas ingressavam no mercado de trabalho no comércio ou na indústria. Depois de catorze anos, essa realidade pode ser verificada, a seguir, na tabela de ocupação profissional de 1996. Comparando a situação financeira de 26 anos atrás (dados de Simone de Beauvoir) e a preferência pela ocupação doméstica das mulheres da periferia (dados de Mauren Leni) com os resultados de 1996 da Região Metropolitana de São Paulo (pesquisa de Simone Brombay)[5], observa-se que, apesar das conquistas femininas no mercado de trabalho: o salário das mulheres do século XX continuava inferior ao dos homens; elas eram a maioria nos cargos relacionados com limpeza; e os homens a maioria nas posições mais elevadas:

POSIÇÃO NA OCUPAÇÃO	RENDIMENTO EM R$	RENDIMENTO EM R$
	MULHERES	HOMENS
Inserções formais	712	973
Setor privado	661	926
Setor público	855	1.304
Inserções precárias	415	746
Assalariado sem carteira assinada	372	534
Autônomo que trabalha para empresa	518	1.024
Autônomo que trabalha para o público	396	768
Empregador	1.616	2.458
Empregadas domésticas	276	ND*
Mensalista com carteira assinada	330	ND*
Diarista com carteira assinada	254	ND*

* ND: a amostra não comporta desagregação para essa categoria. Fonte: Dieese/Seade – PED-SP. "Pesquisa de emprego e desemprego". Obs.: Inflator utilizado: ICV do Dieese. Valor em reais de dezembro de 1996.

---

5 Simone Brombay. *Diagnósticos e perspectivas da comunicação nas ONGs atuantes em questões de gênero*, p. 55

Mesmo no século XXI, o aumento da escolaridade não significa posições executivas de igualdade. Segundo os resultados da pesquisa realizada em parceria por Instituto Ethos, Ipea, OIT, Unifem e FGV-Eaesp em janeiro de 2002 – "Perfil social, racial e de gênero das diretorias das grandes empresas brasileiras" –, a distribuição entre homens e mulheres na população brasileira é praticamente equilibrada (50,8% mulheres e 49,2% homens), porém, na quase totalidade das empresas que responderam à pesquisa os executivos são homens (94%). Dados do Pnad 1999 mostram que o percentual de mulheres na parcela da população urbana empregada com escolaridade superior a 15 anos é de aproximadamente 50%. Os resultados da pesquisa sobre o perfil dos(as) diretores(as) não refletem essa realidade.

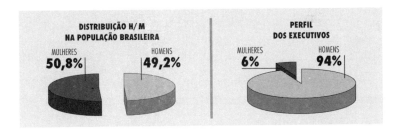

A Fundação Carlos Chagas possui um banco de informações disponibilizado na internet e patrocinado pela Fapesp com dados sobre o trabalho das mulheres no Brasil a partir de 1970, estatísticas sobre o crescimento do trabalho feminino e a relação entre família, trabalho e escolaridade. Com a pesquisa realizada em 1998, é possível afirmar que houve mudanças significativas para as mulheres no mercado de trabalho, que oferece mais oportunidades a elas; contudo, alguns padrões continuam, fazendo que elas tenham dificuldades em focar seus esforços na área profissional, fora do lar. As mulheres são ainda as principais responsáveis pelas atividades domésticas e pelo cuidado com os filhos e demais familiares, o que representa uma sobrecarga para aquelas que também realizam atividades econômicas. Nas informações do Banco de Dados da Fundação Carlos Chagas é possível averiguar que:

> Estando ou não no mercado, todas as mulheres são donas-de-casa e realizam tarefas que, mesmo sendo indispensáveis para a sobrevivência e o bem-estar de todos os indivíduos, são desvalorizadas e desconsideradas nas estatísticas, que as classificam como "inativas" – cuidam de afazeres domésticos. Caso fossem consideradas ativas, as taxas globais de atividade feminina seriam superiores a 90% e, no caso das esposas, atingiriam quase 99%.[6]

Outro conflito da mulher do século XXI é a obsessão pela beleza, que vai persistir e se aprofundar, porque se trata de um comportamento coletivo e cultural. Histórica e culturalmente, o belo sempre foi associado ao bom, e o feio, ao ruim. Nos dias de hoje, as mulheres buscam maior escolaridade e profissionalização, conhecimento e informação, equilíbrio entre o profissional e o pessoal, resgate do universo doméstico e materno.

Segundo dados apresentados na palestra dos diretores de *marketing* do Grupo Pão de Açúcar e Alpargatas, realizada em 29 de maio de 2002, no evento "Poder de consumo das mulheres", 51% da população brasileira, com um total de 86 milhões, são mulheres, que representam 40% da população economicamente ativa. Entre elas, 51% têm ensino superior – nada menos que 85% da população com esse nível de escolaridade. Por essa razão, é inconcebível haver, ainda hoje, diferença nas porcentagens das mulheres em al-

---

[6] Cristina Bruschini e Maria Rosa Lombardi. *Séries históricas sobre a mulher.*

tos cargos das empresas – e estas ainda receberem menos que os homens.

A inovadora pesquisa qualitativa realizada pela CPM Research – Centro de Pesquisa Motivacional –, patrocinada pela Avon, Electrolux e Sadia[7] e coordenada pela psicóloga Oriana White, mostrou um retrato dramático da mulher em nosso país, especialmente das mulheres das grandes metrópoles. Foram feitas 432 entrevistas em profundidade com mulheres entre 20 e 59 anos, das classes A, B, C e D das cidades de São Paulo, Rio de Janeiro, Porto Alegre, Brasília, Recife e Ribeirão Preto, além de análise do cotidiano de cinco comunidades rurais entre abril de 2001 e março de 2002, envolvendo a participação de mais de cem profissionais.

O resultado da pesquisa mostra, ao investigar os sonhos das mulheres urbanas adultas, que elas estão sempre atarefadas, cansadas e sozinhas. Os motivos estão mais relacionados com a vida privada do que com as realizações alcançadas por meio da atuação profissional. Como elas trabalham com duplas jornadas, faltam amigos e tempo para si. Para muitas, os finais de semana se traduzem em realizar as tarefas domésticas que não puderam ser realizadas durante a semana.

Atividades como preparar o almoço, colocar roupa na máquina ou mesmo fazer ginástica precisam ser "encaixadas" das seis às oito horas. O banco é feito na hora do almoço, entre períodos do trabalho, e o supermercado, na saída deste. Passar roupa e arrumar a casa à noite, além de fazer o jantar, são tarefas comuns no cotidiano da mulher que trabalha fora de casa e não pode contar com o auxílio de uma empregada doméstica.

---

7 "Mulheres brasileiras urbanas muito além do limite", *Revista Mercado Global*, 2002.

Por mais que ajudem as mulheres nos afazeres domésticos, os homens ainda não estão insertos nos processos de execução de todas as tarefas. Eles auxiliam como um suporte, um alívio, um favor, uma mão a mais e não como um fazer conjunto.

A mulher brasileira do século XXI está preocupada com a comunidade, com as causas beneficentes, mas não tem tempo para ela e dificilmente está envolvida em atuações políticas. Segundo Oriana, está "nascendo" uma nova mulher, mais propensa a viver dentro de uma concepção humanista. Uma mulher que acredita na força das pequenas coisas, dos detalhes, das coisas banais que compõem o cenário de sua vida muito mais do que em modismos ou vontades estimuladas pelas inovações e pela mídia. O dinheiro a ser gasto é planejado; o tempo despendido em suas atividades é redimensionado e seus relacionamentos são intensificados. Acredita-se protagonista de sua história de vida. A mulher brasileira urbana inicia o processo de se reconstruir.

A busca por essa reconstrução se faz necessária para a sobrevivência e para o equilíbrio entre a vida pessoal e a profissional. A citada matéria da revista *Veja*, de 1º de maio de 2002, divulga o livro *Creating a life*, com a pesquisa realizada nos Estados Unidos pela economista Sylvia Ann Hewlett, da Universidade Harvard. A americana entrevistou 1.200 mulheres em cargos de chefia, com idade entre 28 e 55 anos, e concluiu que, quanto mais perto do topo da hierarquia, menores são as chances de casar e ter filhos, sendo que o oposto é igualmente verdadeiro para os homens. Mais da metade das executivas americanas não têm filhos e três quartos delas são solteiras ou separadas. Nessa pesquisa, Sylvia Hewlett concluiu que, apesar do avanço das mulheres na vida profissional, a maioria ainda sofre com a dificuldade de conciliar a carreira com a família.

Numa passada de olhos na lista de vítimas dos atentados ao World Trade Center, em setembro do ano passado, descobre-se que, na maioria, as executivas eram solteiras. Deixaram sobrinhos e amigos. Os homens, filhos e esposas. No Brasil, onde o processo de absorção da mão-de-obra feminina ainda está em uma fase anterior à do mercado americano, só um quinto das executivas anseia a direção geral das empresas. Em contrapartida, o grau de satisfação das mulheres com suas carreiras é o dobro do que se mede nos Estados Unidos. (Grecco, 2002)

Com o conhecimento das angústias e aspirações da consumidora do produto detergente em pó, é possível criar comerciais que possam chamar a atenção desse público-alvo, trabalhando com seu emocional e garantindo assim força para a marca absoluta e insubstituível.

Depois de séculos sendo massacrada e mal compreendida, nos últimos anos a mulher passou a ser o foco das atenções dos anunciantes e fabricantes de produtos de consumo. Atualmente, no mercado nacional, existem 33 títulos de revistas para o público feminino e 14 direcionados ao masculino. No Brasil, 80% das mulheres lêem anúncios em busca de ofertas e promoções, influenciando 72% das compras.[8] Fica fácil compreender os motivos para os meios de comunicação mudarem o foco de suas pesquisas e interesse. De marginalizadas e tidas como "o segundo sexo", elas passaram a ser o bem mais precioso do capitalismo, pois são as detentoras do poder de decisão de compra.

Desde o lançamento da marca Omo em 1957, nos mercados do Rio de Janeiro e de São Paulo, foi possível verificar que a comunicação da marca focou suas atenções neste po-

---

8 Palestra com os diretores de marketing do Grupo Pão de Açúcar e Alpargatas, realizada em 29/5/2002, no evento "Poder de consumo das mulheres".

tencial de consumo: a mulher. O anúncio jogava com uma fantasiosa manchete sobre marcianos invadindo a Terra, atraindo assim a atenção do leitor. Omo foi o primeiro detergente em pó do país e atualmente mantém a liderança pelo lançamento de novas tecnologias e grande investimento em comunicação.

O primeiro anúncio de Omo (1957)

Com a crise econômica de 2003, as consumidoras substituíram as marcas de alguns produtos, porém algumas marcas absolutas continuam insubstituíveis, como se pode constatar na reportagem de Vera Dantas, do jornal *O Estado de S. Paulo* de 17 de agosto de 2003: "Redes disputam consumidor de marca própria; crise tem ampliado presença nos carrinhos de itens com etiqueta dos supermercados":

O orçamento apertado no fim do mês também tem convencido a dona de casa Conceição Andrade a fechar os olhos para certas marcas consagradas e a dar mais atenção às prateleiras onde estão produtos de marca própria. "Não abro mão do Omo, por exemplo. Mas trocar um leite de marca conhecida que custa R$ 1,52 por outro com o nome do supermercado que sai por R$ 1,25 vale a pena.

O conhecimento histórico da emancipação feminina no mundo ocidental e no Brasil é a base para a análise estratégica dos comerciais da marca Omo desde seu lançamento, em 1957, e da marca Ariel, desde 1998. No entanto, antes de analisar os comerciais, serão abordados os temas publicidade e propaganda, percepção das campanhas publicitárias e os sentidos estimulados na recepção da mensagem – para que a análise final seja facilmente compreendida.

2 A PERCEPÇÃO DAS CAMPANHAS PUBLICITÁRIAS

A palavra "publicidade" remete diretamente à palavra "propaganda". Ambas querem convencer ou persuadir e podem usar os mesmos métodos para tal fim; a diferença, porém, é que os objetivos da propaganda são, por meio de sinais, símbolos plásticos, gráficos e sons de *slogans*, influenciar a opinião ideológica e a ação política ou religiosa dos indivíduos e de grupos da sociedade.

Alguns exemplos de propaganda ideológica espontânea da Antigüidade são os milagres de Jesus, que eram difundidos verbalmente entre os judeus, e a fama de Napoleão, que também ficou extremamente conhecido sem o advento do rádio e da televisão. O logotipo utilizado por Hitler na propaganda nazista era facilmente reconhecido.

Segundo Carrascoza (1999, p. 45),

> o termo propaganda, conforme afirma o próprio Brown, originou-se do verbo *propagare*, "técnica do jardineiro de cravar no solo os rebentos novos das plantas a fim de produzir novas plantas que depois passarão a ter vida própria" – uma ação nitidamente repetitiva. Foi empregado pela primeira vez pela Igreja Católica Romana, em 1633, pelo Papa Urbano VIII, que instituiu a Congregatio de Propaganda Fide (Congregação da Propaganda).

A publicidade surgiu na Antigüidade com a função verbal de informar e persuadir. Em Roma, a publicidade oral

desempenhou um papel mais ativo e mais amplo que na antiga Grécia, onde surgiram os pregoeiros. Segundo a definição da American Marketing Association, publicidade é qualquer forma paga de apresentação e promoção não pessoal de idéias, bens ou serviços, por meio de um patrocinador específico e identificado.
De acordo com Carrascoza (1999, p. 18),

> publicidade é um exemplo notável de discurso persuasivo, com a finalidade de chamar a atenção do público para as qualidades deste ou daquele produto/serviço, ou de uma marca em caso de campanhas corporativas.

O anunciante pode ser coletivo, representando o interesse público, com a publicidade social, ou individual, representando o interesse privado, com a publicidade comercial. As campanhas publicitárias surgiram com a tecnologia que entrou no mercado das mídias como um meio que possibilitaria o conjunto da imprensa pela imagem, do rádio pelo som e da televisão pelo movimento.

O conjunto de imagem, som e movimento atraía ainda mais a atenção do consumidor, que se espelhava nas imagens em movimento. A publicidade começou nos cinemas brasileiros na década de 1930 com a utilização de *slides*. Em 1940, apareceram os primeiros filmes realizados com filmagem de fotos. Essa nova maneira de recebermos a mensagem publicitária fez que as percebêssemos de forma diferenciada:

> A percepção está intimamente ligada à publicidade como sendo uma atividade cognitiva através da qual contatamos o mundo. É através dos órgãos e sentidos que nos apercebemos dos sons, das cores, das formas e das texturas que caracterizam os objetos e as outras diversas apresentações de publicidade. (Marques, 1997)

A tarefa do publicitário é criar um comercial atrativo, de tal modo que sua percepção consiga influenciar as sensações, a atenção, a afetividade, os instintos, as operações intelectuais e a intencionalidade de compra ou de uma atitude, para que, por exemplo, a campanha contra as drogas afaste os potenciais dependentes, a campanha de captação de recursos de instituições consiga novos doadores, o consumidor compre a marca anunciada convencido de que esta tem certas qualidades que a tornam superior às similares.

Caso a publicidade ou o comercial chame a atenção, desperte o interesse, estimule o desejo, crie convicção e induza à ação, é possível dizer que a percepção da mensagem foi compreendida, assimilada e atingiu seu objetivo.

A campanha publicitária pode ser divulgada em todos os meios, como anúncios impressos em revistas, jornais, anúncios em rádios, comerciais em televisão e *merchandising*, que são as inserções do produto/serviço anunciadas em novelas ou programas de televisão.

Segundo Marques, num intervalo de cinco séculos foram desenvolvidos dois grandes meios de comunicação de massa: a imprensa de tipos móveis, que permitiu produzir com rapidez e economia várias cópias da mesma mensagem, e os meios eletrônicos de comunicação, que apareceram no início do século XX, como o rádio (pelo som) e a televisão (imagem e som), tornando possível difundir mensagens a várias pessoas simultaneamente, alfabetizadas ou não.

Muitos comerciais não são percebidos na primeira vez em que são vistos; por esse motivo, campanhas publicitárias utilizam a redundância – aplicação fática na propaganda – para que os conceitos se repitam dentro da mensagem, a fim de evitar os ruídos na percepção do receptor.

O produto ou serviço anunciado é a parte objetiva e racional da compra. O papel da publicidade é fazer o receptor acreditar na mensagem e aceitar/desejar a marca do produto recomendado no comercial. Para isso, o indivíduo precisa perceber e assimilar o que está sendo comunicado. "Existe dificuldade para identificação da totalidade do processo perceptual, o que não impede de analisá-lo, já que há uma série de elementos do mundo externo que são comuns a muitos seres humanos" (Ribeiro, 2000, p. 30).

Segundo Claudete Ribeiro (2000, p. 29-33), a percepção de uma obra de arte pode acontecer de diferentes formas, e essas percepções definirão seu significado, permitindo sua interpretação. O processo perceptual é complexo; assim, as interpretações de seu conteúdo exigem reflexão e análise das mensagens recebidas. Quando se percebe um objeto, não necessariamente se percebem todas as partes que estão dentro do campo visual, mas, como a vivência e a experiência desse objeto já estão internalizadas culturalmente, elas permitem apreender o que não está sendo visto por uma antecipação da percepção, numa extensão do próprio corpo, vivenciando e experimentando mentalmente a relação com o objeto.

> Perceber é captar o estímulo, introjetá-lo, associando-o com as vivências e experiências, elaborando o percebido e projetando a sua interpretação por meio da expressão. [...] Um ato perceptivo envolve a associação e projeção de lembranças, isto é, sempre se identifica um fenômeno como relacionado a outro já vivido.

Assim, nas inserções da televisão, a percepção do comercial se dá pelo estímulo dos sentidos e será assimilada quando relacionada com o repertório pessoal vivido pelo telespectador.

Rudolf Arnheim (1992, introdução), em *Arte e percepção visual: uma psicologia da visão criadora*, explora teorias importantes sobre a percepção das formas visuais, como a formulação teórica da Gestalt.

A palavra Gestalt, substantivo comum alemão, usada para configuração ou forma, tem sido aplicada desde o início do nosso século a um conjunto de princípios científicos extraídos principalmente de experimentos de percepção sensorial. Admite-se que, geralmente, as bases de nosso conhecimento atual sobre percepção visual foram assentadas nos laboratórios dos psicólogos gestaltistas.

De acordo com Arnheim, a percepção é um forte meio para descrever os fenômenos. É a representação mental de objetos ou acontecimentos exteriores elaborada pelo centro nervoso, com base em uma ou múltiplas impressões sensoriais, que se integra num conjunto de outras percepções, condutas e atos correlacionados.

Segundo Arnheim (1992, introdução),

> no ensaio que deu à teoria da Gestalt seu nome, Christian von Ehrenfels demonstrou que se doze observadores escutassem cada um dos doze tons de uma melodia, a soma de suas experiências não corresponderia à experiência de alguém que a ouvisse inteira.

O todo nunca é apenas uma soma das partes: é a integração destas. Essa integração cria um conjunto, fazendo surgir uma nova totalidade com outras qualidades. Por esse motivo, analisaremos os sentidos estimulados nos comerciais de detergente em pó para que, ao final, sejam interpretadas as principais diferenças de comunicação entre as marcas.

Dondis (2000, p. 22) afirma: "Creio que alguns dos trabalhos mais significativos nesse campo foram realizados pelos psicólogos da Gestalt, cujo principal interesse tem sido os princípios da organização perceptiva, o processo da configuração de um todo a partir das partes".

No CD multimídia baseado na tese de livre-docência da professora doutora Claudete Ribeiro – *Arte & resistência: Vin-*

cent Willem Van Gogh (2000) – é possível verificar que, "no desenvolvimento orgânico, a percepção começa com a apreensão dos aspectos estruturais mais evidentes, revelando um comportamento de generalizações, com as características estruturais globais que são os primeiros dados da percepção".

A percepção de uma obra de arte transmite ao admirador uma série de sensações. A publicidade pode ser considerada uma obra de arte com fins comerciais, uma vez que envia mensagens que serão percebidas e captadas, trazendo sensações, emoções, lembranças, a fim de persuadir e estimular uma ação de compra. "O conteúdo captado pelas sensações externas é visivelmente ativo no comportamento humano, e metaforicamente assimilado. Ele é usado para caracterizar uma infinidade de fenômenos, tais como depressão, lucidez, resistência etc." (Ribeiro, 2000, cap. 6).

A sensação externa que a publicidade cria também deve ser ativa no comportamento humano, como o desejo de possuir uma marca que ofereça ao consumidor a sensação de beleza, poder, alegria, liberdade, entre outros fenômenos – e assim estimular a compra da marca anunciada.

Por outro lado, existem tantas mensagens, ruídos, propagandas e programas que, naturalmente, o receptor é obrigado a selecionar as mensagens do mundo externo, percebendo apenas as que lhe interessam diretamente. Com isso, é imprescindível o desenvolvimento da publicidade e propaganda, pois, numa sociedade cada vez maior e com interesses tão diversos, as mensagens devem atingir o indivíduo e a organização que queiram convencer, evitando ao máximo os ruídos que possam interferir na compreensão e assimilação destas.

Para evitar os ruídos e atingir seu público-alvo, os comunicadores especializaram-se nas diversas formas de chamar a atenção e convencer o consumidor a não só comprar a marca anunciada como também ser fiel a ela. No próximo item verificaremos a importância da comunicação visual para influenciar a compra.

A influência das cores na comunicação

A comunicação visual permite ao emissor transmitir a mensagem ao receptor com exatidão, clareza e com a objetividade dos sinais, sem provocar falsas interpretações. Segundo Bruno Munari, conhecer a comunicação visual é conhecer uma língua composta apenas por imagens, capaz de ser compreendida por várias nações e, apesar de limitada, a mais direta.

Perceber a cor é um processo individual e cultural: nunca alguém terá a certeza de que seu vizinho vê determinada cor ou obra exatamente da mesma maneira que ele próprio.

Nas palavras de Arnheim (1992, p. 321-2):

> Pode-se pedir a alguém para agrupar cores que harmonizem ou para combinar uma certa nuance como uma amostra idêntica. Tais procedimentos podem evitar qualquer referência aos nomes de cor, mas não podemos supor que diferentes pessoas de formação similar, não mencionando membros de culturas diferentes, tenham os mesmos padrões para o que elas consideram "parecido" ou o mesmo ou diferente. Dentro destes limites, contudo, é seguro afirmar que a percepção de cor é a mesma para pessoas de diferentes idades, diferentes formações ou diferentes culturas.

A visão capta estímulos diversos. Ela deve ser entendida como um processo altamente dinâmico e não como mero registro de algum estímulo, pois os indivíduos participam ativamente da percepção em vez de estar passivamente presentes. "O pensamento psicológico permite considerar a visão como uma atividade criadora da mente humana, realizando ao nível sensório o que no domínio do raciocínio se conhece como entendimento ou compreensão" (Ribeiro, 2000, cap. 6).

A percepção se estrutura por meio de processos seletivos, com base nas condições físicas e psíquicas de cada pessoa e de certas necessidades e expectativas; assim, a seletividade nos permite interpretar melhor os estímulos e reagir a eles de modo mais coerente, segundo nossos interesses.

Muitos artistas, historiadores e interessados na área de comunicação vêm estudando como e o que as artes visuais comunicam. O objeto visual sofre vários tipos de interferências, como texturas, tons, significados, signos e ambientes em que o objeto esteja inserido; por essa razão, as análises das campanhas publicitárias da marca Omo abrangerão os sentidos utilizados na comunicação – visão, audição, tato, olfato e paladar.

Ao verificar os sentidos que podem ser explorados nos meios de comunicação, focaremos a análise nos comerciais de televisão, *merchandising* e *design* das embalagens das marcas mais significativas do mercado de detergente em pó: Omo Multiação, Omo Progress e Ariel.

Os sentidos utilizados na comunicação

Os receptores das mensagens são extremamente seletivos, sensíveis a alguns estímulos e não a outros; são mais ativos que passivos, procuram informações, além de registrá-las. Nos comerciais de televisão, a intenção é persuadir, mobilizar o telespectador para que o registro emocional transforme-se em uma ação de compra do produto anunciado.

Segundo Munari (1968, p. 90), o receptor de uma mensagem receberá uma informação depois que a mensagem passar por três filtros básicos: o sensorial, o fisiológico e o cultural. De todos os estímulos que chegam a ser percebidos, somente aqueles que ultrapassam os filtros citados e os obstáculos do meio ambiente, como os ruídos, podem atingir o indivíduo, pois cada filtro influencia a percepção e a interpretação dos estímulos.

Um destes filtros é de caráter sensorial. Ex.: um daltônico não vê certas cores e, assim, as mensagens baseadas exclusivamente na linguagem cromática são alteradas, quando não anuladas. [...] o filtro operativo depende das características psicofisiológicas constitutivas do receptor. Ex.: é evidente que uma criança de três anos analisará uma determinada mensagem de maneira muito diferente da de um indivíduo mais maduro. [...] O filtro cultural deixará passar só aquelas mensagens que o receptor conhece, isto é, as que fazem parte do seu universo cultural.

O repertório pessoal e os diferentes interesses fazem que determinados comerciais ou mensagens transmitidas mobilizem os consumidores em potencial. No caso de Omo, os comerciais devem atrair a atenção do seu público-alvo – consumidores de detergente em pó, na sua maioria mulheres, solteiras ou casadas, responsáveis pela escolha do produto na hora da compra, que lavam ou supervisionam a lavagem de roupa.

O emissor envia mensagens e o receptor as recebe, caso a mensagem visual seja bem projetada. O público sente-se atraído pelos comerciais divulgados de modo a evitar as deformações durante a recepção; a atenção despendida faz a mensagem chegar ao receptor com menos obstáculos.

Os comerciais de televisão estimulam o lado direito do cérebro, pois este é o lado emocional que reconhece rostos, cores, formas, músicas, movimentos e trabalha de modo global e intuitivo. É mais musical, responde à novidade e ao desconhecido. É nesse hemisfério que se deve investir para que os comerciais sejam captados. O lado direito do cérebro é capaz de assimilar as mensagens com facilidade. Ele identifica uma forma sugerida apenas com poucas linhas, pois conecta pontos, compondo as imagens.

Visão

A análise da visão será aprofundada por ser este um dos sentidos mais utilizados nos comerciais de televisão. A visão ocupa

LATERALIDADE DIREITA	LATERALIDADE ESQUERDA
Não-verbal: com poucas palavras, fazem-se conexões e as coisas são percebidas.	Verbal: com palavras, designa, define, descreve, codifica, decodifica.
Sintética: junta as coisas em grupo para formar o todo.	Analítica: concebe parte por parte, componente por componente.
Concreta: vê os elementos e as coisas como elas se apresentam; tem palpites e pressentimentos.	Abstrata: utiliza parte das informações para representar o todo.
Irracional: não precisa basear-se nos fatos ou razões, não se apressa em tirar conclusões.	Racional: racionaliza tudo e tira conclusões baseadas nos fatos e no raciocínio.
Analógica: vê as semelhanças entre as coisas e compreende as relações metafóricas.	Digital: utiliza números no ato de contar.
Atemporal: esquece o tempo.	Temporal: marca o tempo para as coisas e o pensamento em seqüência.
Espacial: vê a situação das partes e a formação do todo.	Linear: pensa de forma concatenada; uma idéia ou um pensamento segue outro de forma convergente, seqüencial.
Intuitiva: assimila aos saltos, muitas vezes com base em poucos indícios, e forma imagens visuais.	Lógica: baseada na lógica, no raciocínio, tira conclusões.
Holística: percebe configurações e estruturas globais, apreende as coisas de forma global.	Simbólica: usa símbolos para representar coisas como números, sinais geométricos, figuras.

Fonte: Tabela Okamoto, 1996, p. 68-9.

cerca de 87% das atividades entre os cinco sentidos, criando a impressão de que a realidade é o que vemos. A visão tem como primeira missão localizar e reconhecer qualquer coisa que venha a afetar a segurança do ser humano. Desde o início, o primeiro ato da visão é enxergar a configuração de tudo ao redor e reconhecer imediatamente se algo constitui perigo ou se afeta a sobrevivência do ser.

A visão não acontece nos olhos, mas no cérebro, que trabalha como uma câmera fotográfica: as imagens são projetadas ao contrário para o cérebro, que capta constantemente imagens que se tornam a base da linguagem. Os olhos são estimulados por tudo que os envolve, fornecendo as imagens. A fisiologia da visão é constituída por dois olhos frontais separados por uma distância média de 6 centímetros – ou seja, temos dois focos de imagens, um à esquerda e outro à direita, que permitem, na parte posterior do cérebro, a composição da imagem, dando-lhe o sentido de profundidade. A impressão inicial nos receptores, de um lado do olho para o outro, nos dá o sentido da direção.

Por tendência natural, num primeiro momento a visão só enxerga a aparência externa dos objetos e sua configuração. Existem vários níveis de percepção visual:

- a configuração dos objetos e dos seres;
- a visão do volume, pelo jogo de luz e sombra;
- a sensação do peso, pela textura e pelo padrão.

As imagens são recebidas no fundo dos olhos, na retina, sendo percebidas invertidas. São enviadas pelo sistema nervoso para o cérebro, na parte posterior da cabeça; ali, são constituídas com o sentido vertical, tornando-se tridimensionais. Os objetos vistos do lado esquerdo vão para o lado direito na parte posterior do cérebro, e os objetos vistos pelo lado direito seguem os estímulos para o lado esquerdo posterior.

Muitas vezes, as imagens espaciais são formadas por poucas informações externas: o receptor tende a completar as imagens, o que possibilita criar ilusões de ótica. A visão também pode ter imagens distorcidas ou mal interpretadas. Exemplos: os trilhos do trem, embora paralelos, parecem encontrar-se a distância; os postes das ruas sofrem o efeito da constância e parecem diminuir; os desenhos de Escher e Vasarely são modelos de ilusão de ótica.

Por outro lado, os inúmeros sistemas de signos visuais e sonoros são processos de produção da linguagem e de transmissão de mensagens que a humanidade foi criando ao longo de sua existência a fim de evitar confusões de imagens. Um exemplo é o código do semáforo, no qual as cores funcionam como relações entre unidades lingüísticas. De acordo com Teixeira Coelho Netto (1980), existe uma relação entre as cores e a reação mútua entre elas. O amarelo implica que o verde ou o vermelho o preceda ou o siga, assim como o verde ou o vermelho implica que o amarelo o preceda ou o siga.

Em certos códigos, é possível constatar a existência de uma correspondência rigorosa entre todas as relações do plano de conteúdo e as do plano de expressão. No código do semáforo, amarelo é atenção, verde é siga e vermelho, pare.

Nas embalagens de Omo, as cores referentes à marca sofreram alterações mínimas desde seu lançamento no Brasil. É uma forma de manter o código visual por muitos anos como referência de um produto de confiança e de tradição no mercado brasileiro. Desde 1957, as cores principais da embalagem do detergente em pó Omo são vermelho, azul e branco.

> A cor produz uma experiência essencialmente emocional, enquanto a forma corresponde ao controle intelectual. As qualidades expressivas fundamentalmente da cor, mas também da forma, afetam de modo espontâneo a mesma passividade receptiva, enquanto a estrutura tectônica do padrão (característica da forma mais encontrada também na cor) engaja a mente ativamente organizadora. (Arnheim, 1992, p. 327)

A cor tem o importante papel, no meio publicitário, de chamar a atenção e por vezes induzir o indivíduo ao consumo de determinado produto. As poucas modificações de cor e forma da embalagem de Omo transmitem emocionalmente a segurança de um produto tradicional do mercado.

Diversas embalagens de Omo (1960 a 2003)

O consumidor fica temporariamente desorientado com mudanças nas embalagens dos produtos favoritos; por isso, o público deve ser reeducado para distingui-los. Em decorrência desse fato, as embalagens de sucesso no mercado mudam pouco suas características – ou então se modificam em espaços prolongados de tempo. Esse é o caso das embalagens de Omo, que mantêm certas características principais desde seu lançamento, como a explosão branca no fundo da marca Omo, as características tipográficas, as cores principais de identificação da embalagem (vermelho, azul e branco) e a utilização do espaço inferior direito para comunicar pequenas alterações.

De acordo com Pedrosa (1977, p. 199), "na essência da cor encontra-se uma linguagem própria de enorme riqueza expressiva, sem qualquer inquietação ou paralelo com outras formas de expressão".

As cores selecionadas para a criação de um logotipo ou embalagem são cuidadosamente pesquisadas, uma vez que são elas as responsáveis pela primeira impressão do produto nas gôndolas de supermercado. A embalagem tem a capacidade de chamar a atenção do consumidor, fazê-lo renovar a compra e impulsioná-lo para a fidelização da marca. As cores aplicadas à embalagem devem estar relacionadas com o consumidor e com as características do produto.

Para mostrar a importância da relação entre cor e produto, Mitchell Wilson descreve um jantar bizarro:

> quando os convidados foram servidos sob luzes que faziam os bifes parecer cinzentos, o aipo cor-de-rosa, as ervilhas pretas e o café amarelo, a maioria não pôde comer e, embora os alimentos fossem ótimos, os que tentaram comer ficaram doentes. (Pedrosa, 1977, p. 101)

A função da publicidade é a de colocar sob os olhos do público comprador as inclinações das novas tendências, fascinando-o especialmente pelo poder emocional da cor e instigando-o a uma mudança pelo impacto sobre as necessidades inerentes à própria natureza ou criadas artificialmente pela orientação consumidora da sociedade, como o desejo de conservação, prestígio, inovação, *status*, segurança e outros.

Como geralmente a cor do produto é a que mais se adapta à embalagem, é interessante observar se ela é usada de acordo com todo seu potencial emocional e sugestivo, pois nas compras feitas por impulso a cor é quase sempre o fator decisivo, sendo inegavelmente o elemento que rapidamente atrai a atenção do consumidor. As tendências são influenciadas pelas variáveis de tempo, lugar e moda.

A embalagem deve conter um apelo motivacional, pois atualmente não se vende uma mercadoria, mas uma idéia ou conceito – isto é, uma maneira de preencher um desejo ou necessidade. A cor pode atingir o indivíduo em sua necessidade de se alimentar, em seu desejo de possuir saúde, prestígio, personalidade ou juventude.

A embalagem precisa ter visibilidade e ser percebida pelo consumidor entre outros produtos expostos. A função da embalagem é sugestionar e ocasionar a venda do produto. "O amarelo, o laranja, o vermelho e o verde são as cores consideradas visíveis numa embalagem" (Farina, 1994, p. 188).

Ao percorrer uma loja ou supermercado à procura dos produtos que deve comprar, muitas vezes o consumidor pára para olhar outros artigos que lhe chamam a atenção. A cor normalmente fixa o produto e pode produzir agradáveis associações em relação à marca – ou então pode distingui-lo da concorrência.

O olhar do consumidor que faz compras pelos corredores de um supermercado permanece aproximadamente menos de três segundos sobre cada embalagem. Nesse rápido lampejo, os especialistas em embalagens precisam não apenas chamar a atenção, como também produzir no público um verdadeiro desejo de adquirir determinado produto. Nos lugares onde os produtos têm preços competitivos, uma embalagem mais atrativa pode ocasionar uma venda.

As cores fortes tornam a embalagem muito mais visível do que as suaves. As letras impressas serão mais visíveis se forem de cor forte sobre fundo neutro, pois uma cor suave é sempre dominada por uma forte. O branco não se fixa na memória, mas funciona como contraste.

Cores com maior luminosidade ocasionam a ilusão de uma embalagem de maior tamanho. Há uma ligação física entre tamanho e claridade. Em razão da luminosidade, os nervos da retina tendem a formar uma imagem maior do que a real para cores como branco, amarelo e tons pastéis; para as cores de tonalidades escuras (azul, preto etc.), acontece o inverso. As embalagens escuras parecerão mais pesadas que as de cores claras.

O pesquisador e escritor Lüscher, em 1969, aplicou sua teoria sobre cores às embalagens, ordenando uma série de cores que considerou efetivas psicologicamente. Ele observou que as cores das embalagens correspondem a uma necessidade (real ou imaginária) do produto. Por exemplo, as marcas que oferecem segurança deveriam utilizar o azul-escuro, enquanto aquelas que prometem uma melhora deveriam usar embalagens vermelhas. No caso das embalagens de Omo, elas agregam as duas percepções. Além disso, a cor vermelha chama a atenção do consumidor nos pontos-de-venda, pois está relacionada com promoções.

De acordo com Parramón (1982, p. 170),

> os desenhistas dizem que, ao modificar o pacote dos "J-Cloths" (flanela de fibra sintética, vendida nos supermercados britânicos), ao alterar o azul e branco comum para um azul-escuro, com efeito tridimensional em vermelho e amarelo, as vendas do produto aumentaram cerca de 23%.

As cores modificadas para a marca J-Cloths obtiveram sucesso nas vendas, pois o azul e o branco pareceram insípidos sob a iluminação dos supermercados.

Para Parramón (1982), as embalagens em "oferta" ou "novidade" são, em geral, vermelhas (cor que sempre chama mais a atenção em relação às demais), mas também podem ser amarelas. Essa combinação de cores, algumas vezes agregada ao azul, é usada invariavelmente nos produtos de limpeza, pois cria uma impressão de alto poder de limpeza. As cores primárias e as naturais atraem as crianças; as cores primárias intensas, as pessoas de baixa renda. Acredita-se que os consumidores que consomem em quantidade limitada preferem as cores que ressaltem o produto o máximo possível. Em contraponto, os tons suaves e neutros atraem os consumidores mais sofisticados. As cores escuras chamam a atenção das pessoas mais altas e dos homens.

As cores frias – verde e azul – atraem as mulheres e costumam ser usadas em cosméticos e produtos de beleza em geral. As cores violeta e púrpura são utilizadas em produtos especialmente luxuosos, como jóias e chocolates. O preto, o prata, o dourado e algumas vezes o branco proporcionam um toque de distinção.

A força muscular e a circulação sangüínea aumentam com a luz colorida, na seqüência que vai do azul, verde, amarelo, alaranjado até o vermelho. As cores correspondentes aos comprimentos de ondas longas combinam com uma reação expansiva, enquanto os comprimentos de ondas curtas favorecem a contração. Essas reações físicas foram observadas pelo pintor russo Wassily Kandinsky (1866-1944). Ele afirmou que um círculo amarelo revela um movimento de expansão a partir do centro que se aproxima quase sensivelmente do espectador; um círculo azul desenvolve um movimento concêntrico e se afasta do observador. Tais observações tiveram sua origem na Bauhaus, que estudava as formas geométricas e a utilização das cores.

Segundo Arnheim (1992), dificilmente as pessoas padronizariam as cores do mesmo modo, uma vez que vemos o que desejamos. Além disso, as tonalidades mudam de pessoa para pessoa. Essa mudança também é uma herança cultural. Por exemplo, um esquimó consegue distinguir vários tons de branco, mas não tantos tons de verde como uma pessoa que mora numa floresta. Pode-se afirmar, porém, que a percepção de cor é a mesma para pessoas de diferentes idades ou culturas, exceto para os daltônicos, pois todos os indivíduos têm o mesmo tipo de retina e o mesmo sistema nervoso.

No item "Análise da comunicação visual das marcas de detergente em pó Omo e Ariel" voltaremos a abordar o tema da percepção da mensagem visual com foco nas cores e no logotipo das embalagens dos produtos.

Audição

O comercial pode estimular todos os sentidos do homem, mas ele precisa acessar os sentidos da visão e/ou da audição para que sua mensagem seja totalmente compreendida. Na maioria dos comerciais, a audição tem o papel de identificar o produto e a marca anunciada, além de estimular efeitos físicos, deixando o indivíduo predisposto a sentir as emoções do comercial.

> A música exerce poderosa influência sobre a atividade muscular, que aumenta ou diminui de acordo com o caráter das melodias empregadas; quando a música é triste ou seu ritmo é lento, e em tom menor, a música diminui a capacidade de trabalho muscular a ponto de interrompê-lo de todo se o músculo estiver fadigado por um trabalho anterior; tons isolados, escalas, motivos e simples seqüências tonais exercem um efeito energizante sobre os músculos; a música pode, positivamente, modificar o metabolismo. (Batan, 1992, p. 25)

Como a televisão exibe diversos filmes publicitários, é necessário criar um comercial que prenda a atenção do receptor. Para isso, utilizam-se o *jingle*, música, trilha sonora ou um som típico. Desenvolve-se uma identidade auditiva que identifique o produto anunciado. Assim, mesmo que o receptor não esteja vendo o comercial, consegue lembrar a marca anunciante ou se mobiliza para prestar atenção ao início do comercial.

A audição está em funcionamento 24 horas por dia. Tem como principal função a relação com a segurança e a comunicação oral. O ouvido está relacionado com a espacialidade, que auxilia o sentido de equilíbrio. Por esse motivo, se estivermos parados, compreenderemos melhor as conversas e as mensagens. Um comercial veiculado no cinema tem maior retenção na memória do receptor que o comercial veiculado em televisão, pois no cinema o indivíduo está sentado e com a atenção centrada na tela.

A televisão é um meio de comunicação audiovisual. A imagem mostra a cena, mas é a música que tem a capacidade de descrever certos estados afetivo-emocionais. O receptor pode sentir a mensagem.

Para filósofos como Aristóteles e Confúcio, a música pode afetar o homem, influindo no ritmo dos seus pensamentos, na melodia das suas emoções e na harmonia de sua saúde corporal e estilo de movimento; ou seja, a música seria capaz de determinar o tipo dos nossos pensamentos e atos. (Tame, 1987)

De acordo com Batan (1992, p. 31), a utilização da música no comercial teve interferências das padronizações musicais do cinema. Este criou clichês para transmitir os sentimentos de emoções extremas. A combinação de clichês musicais com as imagens cria no espectador reações como tensão, alegria, suspense, calma, inquietude, sendo possível aplicar sons musicais a emoções específicas. Exemplos:

- **Terror, medo, pânico:** notas graves e com instrumentos que produzam registros graves (trombone, contrabaixo, saxofone e instrumentos de percussão).
- **Tristeza:** som de oboé, flauta, violino ou clarinete, que emitem movimentos lentos e tempos longos.
- **Alegria:** músicas "brilhantes", de júbilo, às vezes com movimentos rápidos.

O som valoriza o silêncio, amplia o valor expressivo e contribui para o sentido da imagem. Assim como a história contada a uma criança estimula a imaginação, o som também estimula a imaginação da imagem que vem a seguir.

No cinema, o ritmo dos sons e a música são adaptados às imagens. Dessa forma, a música é composta após a montagem do filme.

Para Batan (ibidem), "a trilha sonora para a televisão deve anteceder a seqüência de imagens, determinando-lhes o tempo e ritmo; na apresentação de material filmado pela televisão, o tempo de projeção ficará condicionado ao tempo de transmissão".

Nos comerciais, a lógica é semelhante ao cinema. O som precisa adaptar-se ao filme publicitário. Finalizado o filme, a trilha sonora precisa adaptar-se ao tempo de 30, 15 ou 5 segundos. O publicitário considera o audiovisual muito mais visual do que áudio. Nesse sentido, os comerciais vendem pela compreensão visual.

Tato

Os sentidos do tato, olfato e paladar não são aplicados nos comerciais de televisão, porém existem formas de estimular esses sentidos por meio da visão ou audição. Um exemplo de estímulo de aspereza pode ser "sentido" com o som de um giz sendo raspado no quadro-negro.

Para Ribeiro (2000, p. 35), "sentir não está fundamentado apenas na consciência que se tem do elemento percebido, mas se fundamenta nos fenômenos encontrados no mundo da experiência".

Para exemplificar como um estímulo visual pode transmitir a sensação de pele áspera, observe o anúncio impresso para a divulgação do serviço de depilação definitiva oferecido pela Dicorp, clínica estética do estado de São Paulo. Por meio da imagem de um cacto que aparece depois de raspar as axilas, é possível assimilar a sensação de aspereza e irritação que a depilação com lâminas de barbear proporciona.

O anúncio abaixo transmite a idéia de aspereza

As cores podem ser utilizadas para estimular a sensação térmica que não poderá ser fisicamente sentida pelo receptor, mas será sugerida por sua imaginação. Exemplos: imagens do deserto e de cores avermelhadas transmitem a sensação de calor; já a sensação de frio será estimulada com tons de azul e imagens que criem uma analogia direta com o frio, como uma modelo deitada em um cubo de gelo gigante ou um urso-polar na neve.

Olfato e paladar

Assim como o tato, o olfato e o paladar poderão ser estimulados no receptor. Quem nunca sentiu a boca salivar quando está com fome e vê a imagem dos alimentos de que gosta?

O receptor poderá compreender a mensagem olfativa por meio de uma imagem ou ilustração. Exemplos: para transmitir a sensação de um perfume agradável saindo do armário, podem-se mostrar flores flutuando no ar quando se abre a porta do guarda-roupa; para transmitir o aroma de um prato saboroso, pode-se mostrar a fumaça que é exalada por um frango assado ou uma *pizza*.

O Cascão, personagem criado pelo desenhista Mauricio de Sousa, é outro exemplo de estímulo olfativo por meio da imagem. Para enfatizar o mau cheiro, o personagem é ilustrado com um grafismo que o representa e moscas voando ao redor da cabeça.

Quando uma criança nasce, ela reconhece a mãe pelo cheiro e pela voz. Até os 3 meses de vida, não enxerga direito, apenas identifica sombras e luzes. O olfato é o sentido que nos traz a nostalgia, lembranças que não poderíamos ter de outra forma. Ao sentir o perfume que usava na adolescência, uma pessoa consegue quase instantaneamente recordar-se das situações e lembranças daquela época. O cheiro de bolo quente ou da canela pode trazer recordações diversas para os indivíduos, conforme seu repertório.

> O olfato não necessita de intérprete, o que não acontece com os outros sentidos. O efeito é imediato e não diluído pela linguagem, pelo pensamento ou pela tradução. Um aroma pode ser extremamente nostálgico, porque detecta imagens e emoções poderosas antes que tenhamos tempo para editá-las. (Ackerman, 1992, p. 32)

É interessante observar a importância inconsciente do cheiro. No livro *O perfume*, de Patrick Susskind, o personagem transita despercebidamente entre a multidão, pois não possui cheiro. É como se o cheiro, bom ou mau, fosse o responsável por atrair a atenção das pessoas. De acordo com Okamoto (1996, p. 95), "o olfato se processa como reação química nos receptores olfativos situados na parte superior da narina. Por estar bem próximo do sistema límbico, tem uma forte relação emocional, quase sempre inconsciente".

A relação emocional com o cheiro poderá ser explorada visualmente num comercial de detergente em pó pela imagem de uma consumidora cheirando sua roupa seca ou a caixa do produto antes de comprá-lo.

O olfato é um dos sentidos mais utilizados durante o processo de lavagem; mesmo as consumidoras que utilizam a máquina de lavar, ao dosar o detergente em pó na máquina ou pendurar a roupa, são estimuladas pelo perfume do produto.

Segundo Ackerman (1992, p. 63), os vendedores de veículos usados possuem um *spray* de "carro novo" que provoca uma agradável sensação no comprador mesmo que este esteja dentro de um modelo mais velho: "na realidade, só 20% do lucro das indústrias de perfumes vêm de perfumes destinados às pessoas; os outros 80% vêm de perfumes para os objetos cotidianos".

Eis a importância do perfume do detergente em pó: o cheiro de "roupa limpa" deve estar presente durante todo o processo – da lavagem da roupa até a próxima utilização da peça. O perfume do detergente em pó é artificial. Assim, a consumidora assimilou, através do tempo, o cheiro do detergente em pó que lhe sugere limpeza.

Muitas companhias descobriram que a nacionalidade influencia as fragrâncias. Os alemães gostam do pinho, os franceses preferem aromas florais, os japoneses, perfumes mais delicados, os norte-americanos insistem em aromas gritantes e os sul-americanos apreciam aqueles ainda mais fortes. (Ackerman, 1992, p. 63)

Se diferentes nacionalidades influenciam a preferência pelas fragrâncias, as consumidoras das diferentes marcas de detergente em pó também têm preferências aromáticas específicas. Depois de analisar os comerciais das marcas Omo Multiação, Omo Progress e Ariel, será possível verificar as mensagens que as marcas transmitem, o estilo das consumidoras e associar o tipo de perfume adotado pelas marcas.

Análise da comunicação visual das marcas de detergente em pó Omo e Ariel

O que é uma marca? Outro gigante internacional dos produtos de consumo, a Unilever, começou o seu Plano Unilever de Grande Propaganda falando sobre marcas, e não sobre propaganda. (Roman, 1994, p. 14)

A marca tem por finalidade causar um impacto e fazer que um nome seja memorizado. Uma vez memorizada, deve constituir o pedestal de uma promoção de venda. Sua imagem se fundamenta na forma, que deve ser distintiva e clara. A cor terá significado somente quando colocada no contexto da mensagem entre todas as cores que constituem a embalagem.

Por meio de cores adequadas, é possível dar à marca a luminosidade correta para fazê-la brilhar em seu espaço, pois ela é a essência que o público consumidor almeja.

A marca Omo é formada pelas iniciais da expressão inglesa *old mother owl*, que significa "velha mãe coruja". Considerada o símbolo real de uma empresa ao ser colorida, confere um toque de confiança e credibilidade. A marca colorida deve sentir-se livre dentro de sua fixação. Sem movimento, ela não pode avançar nem recuar em relação ao indivíduo que a observa; a marca deve manter-se independente no contraste de todos os elementos que integram a peça publicitária. Só assim será assimilada pelo subconsciente do consumidor.

Porém, a perfeita combinação entre imagens, cores e formas ou até grandes investimentos em publicidade não são suficientes para a criação e o sucesso de uma marca. Para que ela seja forte, é fundamental a criação de uma identidade. A identidade deve ser complexa e personalizada, capaz de proporcionar à marca vida própria, para que essa vitalidade conquiste a mente e o coração dos consumidores.

O ponto-de-venda tem de ser uma unidade na qual os vários produtos expostos se integrem mas se diferenciem, atraindo a atenção do público. A função da cor da embalagem no ponto-de-venda é colocar em evidência o produto; também é preciso ver se as cores do produto serão aceitas pelo público consumidor para o qual a peça está destinada.

Algumas cores podem conduzir a estímulos opostos aos desejados – um bolo com embalagem em que predomine a cor verde pode sugerir a idéia de um produto mofado; alimentos embalados em cores claras sugerem um sabor menos acentuado do que outros em cores fortes.

O impacto causado pela cor deve inclinar o consumidor a discriminar e adquirir o produto, conseguindo selecionar o que lhe interessa entre vários outros.

> Tem-se constatado que as compras que obedecem a um impulso são mais freqüentes que as pré-calculadas. [...] Pesquisas realizadas nos pontos-de-venda em supermercados demonstram que o consumidor compra duas vezes mais que o previsto [...] Na maioria das vezes, a cor tem grande responsabilidade. (Farina, 1994, p. 201)

Nas pesquisas de Farina sobre as cores utilizadas em embalagens, constatou-se que o indivíduo se detém em média trinta minutos no supermercado e que a compra por impulso muitas vezes acontece pela capacidade persuasiva que a embalagem possui. Apesar de algumas relatividades, a pesquisa mostra a seguinte associação entre as cores das embalagens com o produto detergente em pó: "detergentes = rosa, azul-turquesa, azul, cinza-esverdeado e branco-azulado" (Farina, 1994, p. 187).

No Brasil, a cor rosa está associada à marca Minerva, azul-turquesa ao Ariel, cinza-esverdeado ao Omo Progress e branco-azulado e azul-escuro ao Omo Multiação.

Pode-se observar que as inovações no *layout* das embalagens da marca Omo seguem as associações citadas por Farina e sofreram modificações sutis nas cores – como é possível verificar nas embalagens de Omo em 1975 e 2003 (veja ao lado).

Apenas em 1986 começaram a surgir as variantes da marca Omo, com o lançamento do Omo Máquina. Em 1995, foi lançado o Omo Progress; em 1996, o Omo Cores; e, em 1999, o Omo Multiação Líquido. Atualmente, as marcas continuam as mesmas; as variantes são relançadas no mercado com novas tecnologias e com alterações que mantêm as características de identificação. A novidade na embalagem surge em 2005 inspirada na moda, em que as tendências são cíclicas. A embalagem da família Omo volta ao seu formato original, mantendo as características de identificação construídas em quase meio século.

O logotipo de Omo agrada esteticamente às consumidoras. Ele é facilmente assimilado por ser uma palavra curta e possuir equilíbrio visual. A palavra "Omo" possui simetria, que é o equilíbrio axial. É uma imagem visual resolvida: ao dividirmos a palavra verticalmente ao meio, cada unidade situada de um lado é rigorosamente repetida do outro.

> O equilíbrio é, então, a referência visual mais forte e firme do homem, sua base consciente e inconsciente para fazer avaliações visuais [...] nenhum método de calcular é tão rápido, exato e automático quanto o senso intuitivo de equilíbrio inerente às percepções do homem. (Dondis, 2000, p. 32)

Entre 1975 e 2003, a embalagem de Omo sofreu alterações sutis

As embalagens de Omo em 1957, 1998 e 2005

Para o receptor da informação visual, a falta de equilíbrio e regularidade é um fator de desorientação. Os olhos automaticamente buscam o equilíbrio nas imagens.

Muitas consumidoras têm dificuldades para identificar as diferenças entre as variantes de Omo. Esse fato se dá pela força e equilíbrio estético da palavra, que, mesmo dividida ao meio, é inseparável, pois a visão a reconstrói. Se dividirmos o logo ao meio, ele poderá ser facilmente composto, como se houvesse um espelho para construí-lo novamente.

O logo "espelhado" de Omo

Segundo Arnheim (1992, p. 13), o homem busca o equilíbrio estético e nenhum método de cálculo racional pode substituir o sentido intuitivo de equilíbrio do olho. O equilíbrio pictórico cria a composição equilibrada: "numa composição equilibrada, fatores como configuração, direção e localização determinam-se mutuamente, de tal modo que nenhuma alteração parece possível, e o todo assume o caráter de 'necessidade' de todas as partes".

A composição equilibrada da embalagem de Omo confirma a teoria de Arnheim sobre a dificuldade de grandes alterações na identidade visual da marca. "Um objeto visual é tanto mais unitário quanto mais estritamente semelhantes forem seus elementos em fatores como cor, claridade, velocidade e direção de movimento" (Arnheim, 1992, p. 79).

A pesquisa de Farina (1994) sobre a importância das cores nas embalagens mostra que cores como vermelho-alaranjado e amarelo executam um movimento de aproximação em relação ao consumidor; já cores como azul e azul-esverdeado parecem se afastar. O vermelho oferece a impressão de saliência, e, se o fundo for azul, esse efeito é mais evidente.

A combinação das cores azul e vermelho-alaranjado da embalagem de Omo Multiação dá a sensação de explosão e equilibra aproximação e afastamento.

O equilíbrio entre o azul e o vermelho na embalagem de Omo

O azul acentua as formas, contribuindo para que sejam lembradas, mas oferece baixas condições de visibilidade. O vermelho compensa a falta de visibilidade do azul, oferecendo atratividade visual; além de acentuar a forma, é uma cor que se impõe pelo impacto visual e emocional, sendo facilmente recordada.

A cor branca no fundo da caixa com arestas nas laterais segue o mesmo princípio da primeira embalagem da marca, como se houvesse uma explosão do branco. A palavra "Omo" em azul-escuro se destaca no fundo branco, dando a sensação de expansão do fundo para a frente, como se o centro da explosão surgisse com a marca.

No canto inferior direito, a imagem da criança olhando para o lado esquerdo da caixa aparece em primeiro plano, e a mulher olhando para a criança, em segundo plano. O fato de a criança olhar para a esquerda faz que o olhar do consumidor "caminhe" por toda a embalagem – a começar pela marca Omo ao centro, subindo na faixa amarela com os dizeres "Nova fórmula", descendo para a criança. Por fim, o olhar da criança para a esquerda faz a consumidora voltar a ler a frase inferior: "Livre-se das manchas".

O detalhe da criança pode passar despercebido, porém o público que se identifica com a imagem da maternidade muitas vezes prefere a marca Omo Multiação à Omo Progress.

Ao analisar as embalagens, fica fácil identificar o público-alvo da marca. Basta focar-se na parte inferior direita e observar a simbologia da imagem. O ícone de diferenciação é visto no espaço de maior peso visual.

> Visualmente, a assimetria lateral se manifesta numa distribuição desigual de peso e num vetor dinâmico que vai da esquerda para a direita do campo visual. [...] Wölfflin observou que a diagonal que vai da parte inferior esquerda até a parte superior direita é vista em ascensão, a outra como se descesse. Qualquer objeto pictórico parece mais pesado no lado direito do quadro. (Arnheim, 1992, p. 25)

As semelhanças entre algumas embalagens

A palavra "multi" está em azul, e "ação", em vermelho. A cor vermelha já transmite a sensação de ação, endossando a proposta do detergente de agir nas manchas e sujeiras das roupas. A combinação de algumas cores pode estimular sensações diversas. A seguir é possível verificar o significado das combinações de cores da embalagem de Omo, de acordo com a pesquisa de Modesto Farina (1994, p. 201):

Azul e vermelho: estimulante da espiritualidade; combinação delicada e de maior eficácia em publicidade.

Azul e branco: estimulante, predispõe à simpatia; oferece uma sensação de paz para produtos e serviços que precisam informar de sua segurança e estabilidade.

Cinza: indica discrição. Para as atitudes neutras e diplomáticas o cinza é muito usado em publicidade.

Até a década de 1960, as mulheres lavavam as roupas com sabão em barra, utilizando-se de receitas caseiras de limpeza e de branqueadores como o anil. É provável que a cor azul de Omo fizesse alusão ao anil na tentativa de favorecer sua aceitação pela consumidora. A agência Lintas foi encarregada de introduzir a marca no país, utilizando-se do potencial gráfico e sonoro da palavra "Omo" nas comunicações da marca.[9]

As cores que identificam a marca Omo Progress são os tons de azul, cinza e branco. As características da marca ao centro são semelhantes às de Omo Multiação. A cor azul transmite credibilidade e adstringência; muitos produtos de limpeza a utilizam para transmitir a sensação de assepsia. Pela comunicação do produto, o Omo Progress é um detergente em pó mais forte que o Omo Multiação e dirigido ao público possuidor de máquina de lavar.

---

9 *Gessy Lever, história e histórias de intimidade com o consumidor brasileiro*, 2001.

A embalagem de Omo Progress

No canto inferior direito, a imagem é de um casal que olha para a esquerda (mesma direção que a criança de Multiação). O olhar da consumidora começa pelo centro e vai para o canto superior esquerdo, enfatizando os dizeres "Partículas de ação seletiva". Depois, sobe para a figura da máquina de lavar, com a frase "Para todo tipo de máquina", desce para a imagem do casal jovem que olha para o lado superior esquerdo e termina na palavra "progress". Essa dinâmica determina atratividade e ação à embalagem do produto.

A embalagem de Ariel (analisada em 2003) possui uma dinâmica semelhante à de Omo, porém o olhar da consumidora começa a "caminhar" pela embalagem seguindo a imagem verde-limão ao fundo, no formato circular que começa pelo centro com a marca Ariel em vermelho. Desce para o canto inferior direito com os dizeres "Novo perfume", depois desce para o retângulo com o endosso da maior marca de máquina de lavar do Brasil – "Aprovada por Brastemp" –, sobe para a imagem da ilustração de um homem musculoso esfregando as roupas com a frase "Com maridos ideais para lavar melhor" e termina na imagem de três anéis com as cores principais de Ariel (azul, verde-musgo e verde-limão). A embalagem de Ariel, em 2005, manteve as mesmas cores, porém os três anéis ficaram maiores e tomaram a posição central. Além disso, a marca Ariel está centralizada, o que lhe confere maior ênfase.

Segundo a pesquisa sobre as cores de Farina (1994, p. 201), as cores utilizadas na embalagem de Ariel possuem os seguintes significados:

> **Vermelho e verde:** estimulante, mas de pouca eficácia publicitária. Geralmente se usa essa combinação para publicidade rural.
>
> **Verde:** estimulante, mas com pouca força sugestiva; oferece uma sensação de repouso. Aplicado em anúncios de artigos que caracterizam frio, e em azeites, frutas, verduras e outros semelhantes.
>
> **Azul:** possui grande poder de atração; é neutralizante nas inquietações do ser humano; acalma o indivíduo e seu sistema circulatório. Aplicado em anúncios de artigos que caracterizam frio.

A cor nas embalagens de Ariel

Observa-se que as cores adotadas não possuem grande relação com o produto detergente em pó e não são atrativas. Porém o vermelho, considerado uma cor visível em uma embalagem, oferece visibilidade significativa em contraste com o fundo branco e verde.

A ilustração dos maridos ideais trabalha com o imaginário da mulher, é a parte lúdica, o escapismo necessário para o trabalho doméstico que ela necessita realizar. Esse item será abordado em profundidade na análise dos comerciais da marca Ariel.

Segundo a pesquisa feita pelo psicólogo Bamz, citada por Farina (1994, p. 103), existe relação entre a idade do indivíduo e a preferência por cores. Farina enfatiza a importância desse conhecimento no campo mercadológico. Tais dados são relevantes na medida em que comprovam as diferenças entre as consumidoras da marca Omo e Ariel. O verde corresponderia ao período de 30 a 40 anos, idade da diminuição do fogo juvenil, e o azul, ao período de 40 a 50 anos, idade do pensamento e da inteligência.

Após a análise dos comerciais, é possível verificar com maior clareza a preferência das mulheres mais jovens e solteiras pela marca Ariel, nova no mercado brasileiro, e da marca Omo pelas mulheres mais maduras e casadas, resquício da expressão que deu origem ao nome, *old mother owl*.

A antiga embalagem de Omo

As marcas que sobrevivem durante décadas são aquelas que conseguem se manter conectadas com o público-alvo.

No próximo capítulo, acompanharemos o histórico da marca Omo no Brasil, e, por meio do repertório adquirido no capítulo sobre a emancipação feminina, verificaremos a premissa sobre a necessidade de evolução do discurso nos comerciais de detergente em pó, para conseguir "dialogar" com a nova mulher.

3 OMO: INTRODUÇÃO NO BRASIL E EVOLUÇÃO DA MARCA NOS COMERCIAIS

Antes da entrada do detergente em pó no mercado brasileiro, as mulheres lavavam as roupas com pasta ou sabão em pedra feitos por elas mesmas com banha de porco. Em Boston, em 1887, surgiu o sabão em barra Sunlight, que começou a ser comercializado pelo inglês William Hesketh Lever (1851-1925). O produto era cortado em barras regulares e embalado por unidade.

No Brasil, o detergente em pó destacou-se pelo anúncio que questionava: "Por que a mulher envelhece mais depressa do que o homem?", sugerindo ser um produto que não maltratava as mãos da dona-de-casa. Em 1889, desenvolveu-se o sabão em flocos, que inicialmente foi vendido com o nome Sunlight. Após um ano, a marca virou Lux.[10] Além dos Flocos Lux (1953), a Irmãos Lever lançou o sabão em pó Rinso, divulgado com a ajuda de mais de quinhentas demonstradoras, conhecidas como "as moças de azul".

No mundo aconteciam mudanças que interferiam na forma de adquirir os produtos de consumo – estes passaram a ser vendidos em prateleiras. A nova dinâmica atendia às necessidades impostas pela vida urbana, como rapidez, eficiência e praticidade. O supermercado era a nova forma de operação

---

10 *Gessy Lever, história e histórias de intimidade com o consumidor brasileiro*, 2001.

dos estabelecimentos que adotavam o sistema de auto-serviço, sistema originário dos Estados Unidos.

> Surgida nos Estados Unidos, a expressão *self-service* parece ter sido usada pela primeira vez em 1912 por alguns comerciantes da Califórnia. (*Supermercado*, 1993)

> Tratava-se de brigar por fatias de mercado e, diretamente, pela preferência do consumidor, que passa a ter à sua disposição várias marcas de um mesmo tipo de produto para escolher nas gôndolas dos supermercados (que chegaram ao Brasil em 1953). (Marcondes, 2001, p. 32)

O início do rádio no Brasil ocorreu nos anos 1920, data da primeira licença para a instalação de uma emissora. A Rádio Educadora foi a primeira estação regular; surgiu no Rio de Janeiro em 1927 e depois se transformou em Rádio Tamoio. Quando Roquette Pinto fundou, em 1930, a Rádio Sociedade do Rio de Janeiro (posteriormente Rádio Ministério da Educação), já existiam emissoras funcionando como forma de iniciativa profissional organizada em São Paulo, Rio de Janeiro e Recife. Após três anos, havia 50 mil receptores no Rio de Janeiro e três transmissores de rádio em São Paulo.

Em 1938, o estado de São Paulo já contava com 34 emissoras, das quais dez na cidade e 24 no interior. No início, as rádios eram responsáveis pelo noticiário, música, crônica e divulgação. Nessa época, as divulgações eram simples locuções de textos originários da imprensa. Na década de 1920, as mensagens comerciais eram colocadas no ar aleatoriamente, até que na década seguinte, nos Estados Unidos, as empresas passaram a patrocinar programas como forma de publicidade; com isso, surgiu o radioteatro, uma atração que os fabricantes das marcas poderiam oferecer aos ouvintes, ao mesmo tempo que se comprava um espaço fixo de anúncio.

Por volta de 1928, foram veiculados os primeiros anúncios do sabonete Gessy. A verba inicial aplicada em propaganda foi mínima – mesmo assim, com muita resistência do fundador da empresa, José Milani, que considerava desnecessário e até vergonhoso para uma empresa investir em publicidade. Essa iniciativa partiu de Adolfo Milani, filho do fundador, que daria início a uma grande mudança na empresa, gerando o que foi um verdadeiro exemplo de *marketing*.

A empresa Irmãos Lever instalou-se no Brasil em 1929 e trouxe a equipe de propaganda Lever International Association Services (Agência Lintas) como sua *house agency* – agência de publicidade exclusiva. Motivada pela experiência do radioteatro no exterior, a Lintas começou a produzir radionovelas.

Em 1932, Adolfo Milani entrou em contato com uma agência de propaganda norte-americana, a N. W. Ayer & Son, para elaborar um amplo projeto de divulgação dos produtos Gessy. Eles aceitaram a proposta, com a condição de que fossem feitas pesquisas de mercado para embasar o lançamento nacional da marca. Foi a partir desse estudo que a Gessy assegurou a posição de liderança absoluta até os anos 1950. A cultura de pesquisar o consumidor continua ainda hoje: a Unilever é umas das empresas que mais investem em pesquisas de mercado no Brasil.

Em 1933, surgiram os *spots*, programas associados a marcas, e os *jingles*, canções anunciando as vantagens de produtos. Em 1938, teve início a história das novelas de rádio no Brasil, com inspiração das *soap operas* norte-americanas, patrocinadas por fabricantes de sabões e detergentes, caso da Gessy Lever (Ramos, 1985).

Em dois ou três anos, contudo, a linguagem no rádio criaria seus primeiros formatos próprios: os *spots* (peças com textos interpretados, acompanhados ou não de música) e os *jingles* (trilhas sonoras curtinhas, desenvolvidas especialmente para o anunciante). Ambos os formatos foram importados dos Estados Unidos, onde já haviam provado seu poder de comunicação. (Marcondes, 2001, p. 27)

Nesse período, aconteceu um marco na história da propaganda no Brasil: na Rádio Cultura de São Paulo, entraram no ar os programas *Nhô Totico*, patrocinado pela empresa Gessy, e *Serões Dominicais Ford*.

As novelas Gessy e o Repórter Esso se transformariam em marcos dessa nova fórmula, em que o anunciante apresenta e oferece aos espectadores o conteúdo editorial e/ou artístico da programação do veículo. Ficaram décadas no ar, sendo que o segundo migrou com absoluto sucesso para a TV, assim que ela se instalou no país. (Marcondes, 2001, p. 28)

Em março de 1957, a marca Omo foi lançada no mercado brasileiro e utilizou a mesma forma de divulgação que Rinso, com "as moças de azul". Desde o lançamento, tornou-se líder no segmento. Na mesma época, o comércio sofreu mudanças: a venda de balcão em mercearias foi substituída pela venda em supermercados, e a então Indústria Gessy Lever aproveitou essa oportunidade para ampliar suas vendas.

No relato do ex-diretor de vendas Wilson Duarte Porciúncula, é possível verificar a mudança na forma de venda no varejo com a chegada do conceito de supermercado no Brasil:

Em 1960, houve a fusão da Cia. Gessy com a Lever, uma empresa do grupo Unilever, empresa anglo-holandesa. E em 1962, houve a absorção completa da companhia, e a Gessy Lever, como se passou a chamar, começou a pressentir que aqui aconteceria, sem dúvida nenhuma, aquilo que aconteceu em outros países em desenvolvimento. (*Supermercado*, 1993, p. 178)

Na década de 1970, a Gessy Lever, com interesse em ampliar seu espaço de vendas, começou a elaborar gratuitamente o *layout* das lojas, acompanhado dos desenhos de gôndolas, prateleiras e *check-outs*. Tal serviço auxiliava também seu negócio, uma vez que oferecia liberdade para criar as embalagens, melhorava a exposição de seus produtos e facilitava as ações de *merchandising*, entre outros privilégios.

Além da estratégia de vendas nos supermercados, o fabricante continuou ativo no investimento em novelas. Segundo Ramos, no início dos anos 1950, a Rádio Nacional transmitia quinze novelas diárias. Na época entrava no ar *A grande novela Gessy Lever*, que permaneceu em cartaz por mais de quarenta anos, chegando a atingir, em 1982, mais de 4 milhões de ouvintes por dia, mulheres em sua maioria.

As novelas eram transmitidas para todo o país: as matrizes dos capítulos eram gravadas em fita de rolo e reproduzidas. As reproduções eram enviadas às rádios interessadas e estas transmitiam seus capítulos – não necessariamente em sincronia – e depois devolviam as fitas.

No próximo item, é possível verificar a origem da marca Omo e analisar como sua identidade inicial influencia a atual imagem da marca por meio dos comerciais de televisão.

A identidade da marca Omo

A evolução da marca Omo

Como já foi dito, a palavra "Omo" originou-se das iniciais de *old mother owl*, expressão inglesa que significa "velha mãe coruja". A letra O estilizada representava o olho e a letra M era o bico da coruja que formava a palavra "Omo". Pode-se passar despercebidamente por essa marca que na sua origem era divulgada por meio de um logotipo com uma coruja. A essência do significado de "velha mãe coruja" é predominante até hoje nas comunicações da marca. A mãe coruja da atualidade é a mãe que trabalha fora, sustenta a casa e se preocupa com a família, em especial com os filhos.

A coruja que deu origem à marca Omo

Durante muitos anos, o cuidado com as roupas e com a casa foi um ícone de demonstração de carinho e cuidado. A dona-de-casa foi induzida a acreditar que seu reconhecimento estava relacionado com a limpeza da residência e das roupas de sua família. A relevância da limpeza para o povo brasileiro era notória.

No lançamento de Omo, as campanhas pretendiam ensinar a mulher a usar o novo produto no mercado. Afinal, tratava-se de uma novidade: uma forma inovadora de lavar roupas entrava no mercado. Após o aprendizado, as campanhas focaram-se no lado emocional e familiar. Os anúncios evocavam o sentimento da mãe cuidadosa, responsável pelo bem-estar da família, incluindo aí a manutenção de roupas impecáveis. Como estratégia, insistiu-se na tese da "brancura comparada", contrapondo a qualidade da lavagem obtida com o sabão em pedra.

A primeira embalagem, com predomínio das cores azul e amarelo, tinha formato horizontal para explorar ao máximo o efeito visual do logotipo de Omo, sem qualquer referência à velha coruja que dera origem à marca na Inglaterra. As caixas empilhadas nas prateleiras funcionavam como cartazes nos pontos-de-venda.

A marca Omo entrou no mercado em março de 1957, com a veiculação de um *teaser* – estratégia de comunicação que divulga parte da mensagem criando suspense e curiosidade na consumidora. O *teaser* interrompia a programação das rádios e a leitura dos jornais para anunciar a marca Omo.

De forma cronometrada, no meio dos capítulos das radionovelas, surgia uma voz grave pronunciando um demorado "ÔÔÔMOOO", sem revelar do que se tratava. A intrigante pergunta "Mas como? Omo?" estampou as páginas do jornal *O Estado de S. Paulo*, despertando a atenção das pessoas para essa estranha palavra. Estava criada uma forte expectativa em relação à chegada da marca no mercado.[11]

O comercial, veiculado ao longo do ano, ressaltava o surpreendente potencial de limpeza do novo detergente, fruto do avanço da ciência. Daí o diferencial da marca: "Um verdadeiro milagre para lavar". A capacidade de fazer "montanhas de espuma" também era destacada, procurando agradar à consumidora brasileira que associava espuma com limpeza.

---

11 Dados obtidos no Centro de História Unilever Brasil e no Centro de Informação Anastácio. *Revista Administração e Serviços*, abr. 1979, p. 113; Rodolfo Lima Martensen, *O desafio de quatro santos*, p. 276-7.

O histórico do lançamento da marca Omo no Brasil e da emancipação feminina é um facilitador na análise da evolução do papel da mulher nas propagandas de detergente em pó.

Análise dos comerciais das marcas de detergente em pó Omo e Ariel

As pessoas geralmente dizem: "Eu nunca presto atenção aos anúncios da televisão", mas o certo é que o anúncio fica registrado próximo à consciência e as decisões são tomadas sem a percepção dessa influência. Entretanto, como todas as respostas automáticas, esse "reflexo de reconhecimento" é uma resposta condicionada; seu êxito depende de campanhas, anúncios ou embalagens que respondam ao estilo do qual se criou o reflexo/ação. Um anúncio que não se ajusta ao consumidor não encontra nenhum reflexo.

Os publicitários utilizam várias técnicas para que sua marca fique registrada e facilite a compra por impulso ou para que os consumidores se tornem fiéis à marca. As formas utilizadas pela categoria de detergente em pó para atingir o objetivo da venda são: *merchandising*, parcerias com empresas relacionadas com a lavagem de roupa, anúncios em revistas femininas, *outdoors*, mídias alternativas e comerciais de televisão.

Alguns comerciais analisados neste livro encontram-se no formato de *storyboard*, para facilitar a análise do discurso e da mensagem visual. De acordo com Roman (1994, p. 25), "um comercial é apresentado na forma de um *storyboard* (roteiro ilustrado), que retrata a ação principal e descreve o que o espectador vai ver (vídeo) e ouvir (áudio)".

Na evolução dos meios de comunicação, foi necessário adaptar a forma de transmissão das mensagens, inicialmente apenas auditiva (rádio), para uma mensagem audiovisual (televisão). Esta última também sofreu modificações: os comerciais de televisão eram transmitidos, inicialmente, em preto-e-branco, e, depois de alguns anos, ganharam cores. Essas evoluções afetaram a percepção da mensagem e do produto anunciado. Segundo Pinho (1998, p. 27),

a televisão brasileira nasceu sob a égide da improvisação. Instalada a primeira estação em São Paulo (a PRF3 – TV Tupi, do pioneiro Assis Chateaubriand) em 18 de setembro de 1950, seu programa inaugural foi ao ar no improviso, devido à pane de uma de suas três câmaras.

O criador publicitário geralmente possui conhecimentos na área psicossociológica das cores em publicidade. Ele conta com uma equipe composta por iluminadores e técnicos, responsáveis pela combinação de cores e contrastes para fazer um comercial.

Na elaboração dos comerciais, cenários brancos e roupas muito claras devem ser evitados, porque provocam saturação (no caso de uma iluminação inadequada); roupas listradas podem causar confusão e certos reflexos na imagem; a maquiagem também é fator importante.

Uma marca líder só sobrevive se existir identificação entre o produto e o público. Omo está no mercado há quase meio século e os comerciais precisavam "dialogar" com as consumidoras brasileiras para elas continuarem fiéis à marca; por esse motivo, foram selecionados alguns comerciais que marcaram as diferentes fases da campanha das marcas Omo e Ariel, que, apesar de possuir uma penetração no mercado brasileiro menor que Omo, revolucionou o discurso dessa categoria de produto, mudando a imagem da mulher "Amélia" para a de uma mulher mais moderna.

Até a década de 1980, a marca Omo não possuía variante, era única. Assim, a primeira parte da análise da evolução do papel da mulher é verificada em cinco comerciais da marca Omo (sem as variantes) veiculados na televisão brasileira; na segunda parte, a análise é dividida em três blocos de

comerciais, separados entre as marcas Omo Multiação, Omo Progress e Ariel.
Nas palavras de Galvão (1998, p. 111):

> Em relação aos produtos de uso doméstico, dos quais tradicionalmente sempre foi a decisora de compra, a mulher passou a receber uma atenção ainda mais especial, principalmente considerando que mais de 60% do consumo brasileiro acha-se concentrado na esfera feminina. Marcas de produtos – entre eles a margarina – que antes apelavam à docilidade, ao instinto maternal e à fragilidade reconhecem hoje na mulher não mais e somente a dona de casa submissa, mas, sobretudo, a esposa, a mãe, a profissional, a cidadã politicamente ativa.

É possível verificar a necessidade de adaptação dos comerciais com a evolução do papel da mulher no mercado de trabalho e na forma de dialogar com a ela. O discurso dos comerciais de Omo passou por inovações após o surgimento de Ariel: deixou de ressaltar apenas as qualidades do produto e passou a reconhecer as conquistas da mulher na sociedade, acompanhando seus passos e as novas tendências.

Omo

Nos primeiros comerciais de detergente em pó divulgados na década de 1930, a mulher não tinha o direito ao prazer, era de uma beleza sem muitas produções. Ainda se vendia a imagem da mulher casta, pura, de olhos baixos, doce, delicada, romântica e até melancólica, que falava baixo e nunca contestava.

Nos anos 1960, a mídia começava a divulgar o conceito de "beleza natural", conseqüência da necessidade da entrada da mulher no mercado de trabalho. Nesse período, o comercial de Omo tinha como mensagem principal o *slogan* "Dá brilho à brancura" – que permaneceu até o lançamento de Omo Total, em 1971. Este, por sua vez, comunicava: "O branco cada vez mais branco. Faça o teste de São Tomé". A economia também era ressaltada: "Com três punhados de Omo você lava quarenta camisas ou doze lençóis de casal", "Lava montanhas de roupa", "Nenhum outro produto rende tanto". Os filmes para televisão falavam da "redobrada força de limpeza", do branco diferente e da economia proporcionada pelo novo Omo.

Na década de 1960, prosseguia o trabalho de promoção com campanhas domiciliares feitas pelas demonstradoras da Irmãos Lever, bem como as ofertas de preço para que a consumidora se dispusesse a conhecer o produto.[12]

A primeira vinheta de Omo

O "rosto" formado pela marca Omo

MÚSICA / COMEÇA COM UMA VOZ MASCULINA E TERMINA EM CORO FEMININO: *Omo!!! Um moderno detergente anuncia a próxima atração.*

Na década de 1960, a agência de propaganda da Gessy desenvolveu uma forma lúdica de apresentar a palavra "Omo", que transformava a letra O em olhos que se mexiam. A composição das letras O-M-O criava a analogia com um rosto. Uma

---

[12] Centro de História Unilever Brasil; "Marcas do Século", Florianópolis, 1999, p. 121; Lever/Centro de Informação.

bolha de sabão subia na tela e explodia: suas gotas formavam a frase "Anuncia a próxima atração".

Essa vinheta de patrocínio atraía a atenção do telespectador para o início de vários programas de televisão, que na época ainda eram transmitidos em preto-e-branco. Segundo Marcondes (2001, p. 28), "o patrocínio, citado sempre que o programa ia ao ar e ao longo de toda sua duração, registrava com eficácia na mente do consumidor a imagem da marca, com simpatia e seriedade".

A vinheta comunicava a mensagem em cinco segundos. Até hoje este é o tempo comercializado pelas emissoras de televisão para as chamadas que antecedem os programas.

Segundo Roman (1994, p. 26),

> os primeiros cinco segundos de um comercial são cruciais: ou eles prendem o público ou o afastam. Análises da reação do telespectador mostram duas coisas: ou uma queda ou uma subida do interesse na abertura de um comercial. O telespectador deve encontrar logo de cara alguma coisa que faça com que ele queira continuar assistindo. Não conte com finais surpreendentes para salvar um comercial.

A televisão ofereceu uma nova percepção a ser explorada pelos publicitários, que passaram a utilizar esses níveis de percepção gradativa para mostrar a superioridade do sabão em pó Omo nos comerciais preto-e-branco. Mesmo com a imagem, a narrativa era responsável por transmitir as sensações de superioridade – basta observar o próximo comercial.

Comercial de lançamento

MÚSICA / LOCUTOR: *Sombra, luz, brilho. Novo Omo. Sim, a brancura superficial do sabão já não basta. O novo Omo com redobrada força de limpeza faz mais do que lavar, dá brilho à brancura. Repare: depois de lavar, a água de Omo fica mais escura. Isso pro-*

va que o novo Omo tira toda a sujeira de sua roupa. Experimente agora o novo Omo. O moderno detergente que faz a roupa mais limpa do mundo.

Um dos quadros da propaganda de lançamento de Omo

No início dos anos 1960, ainda era necessário ensinar a consumidora a utilizar o novo produto. Dessa forma, o filme de 33 segundos começa com uma menina pulando corda. Mostra a consumidora, que dosa o detergente, joga o pó no tanque de cimento e lava normalmente as roupas. As situações dos comerciais explicavam o uso do produto, que passou do segmento em barras para o de detergente em pó. Os comerciais eram informativos, didáticos e de demonstração, pois ainda existia muita resistência das consumidoras a deixar de usar o sabão em barra.

O anúncio foi criado para a televisão ainda em preto-e-branco. Para transmitir a percepção de brancura do produto, a agência optou pelo jogo de cores ao mostrar a menina pulando corda na sombra e na luz; quando ela está na luz, abre um grande sorriso, e o locutor diz: "Sombra, luz, brilho".

A outra forma de divulgar a *performance* do produto foi mostrar a cor da água que ficara no tanque após a lavagem das roupas seguida das frases: "Repare: depois de lavar, a água de Omo fica mais escura. Isso prova que o novo Omo tira toda a sujeira de sua roupa". Um homem mostra dois tubos de ensaio para explicitar a diferença entre as águas dos tanques.

Toda a locução em *off* é realizada por uma voz masculina. Durante o comercial, um homem de rosto sério, jaleco branco e óculos surge como autoridade da *performance*. O discurso é focado na comprovação tecnológica, sem nenhum argumento emocional. A única referência emocional é a figura da menina brincando.

O produto detergente em pó é destinado às mulheres, mas nesse período elas não falavam nos comerciais e suas vozes apareciam apenas em algumas canções. Nesse comercial, a mulher é mostrada em um único momento, quando dosa o sabão em pó no tanque de cimento e esfrega a roupa.

Como dizia Beauvoir (1980), na Idade da Pedra a mulher possuía uma função importante dentro do lar, que lhe assegurava autoridade – pois era ela a responsável por preparar a terra para o plantio, o alimento e as cerâmicas. Contudo, com o desenvolvimento da tecnologia, a necessidade de permanecer dentro do lar desapareceu – mas a mulher continuava confinada em casa, realizando os trabalhos domésticos que a aprisionavam ao lar.

"Assobio"

Um dos quadros da propaganda "Assobio"

(MÚSICA / VOZ MASCULINA): *Redobrada força de limpeza, redobrada força de limpeza. Novo Omo dá brilho à brancura.* (MÚSICA / VOZ FEMININA CANTANDO): *Omo dá brilho à brancura,* (ASSOBIO MASCULINO): *dá brilho à brancura,* (CRIANÇAS CANTANDO): *Dá brilho à brancura.*

Esse comercial de 22 segundos é enfático e usa da repetição como forma de memorização da mensagem. Começa com uma voz masculina, que repete duas vezes a frase "Redobrada força de limpeza". A frase "Dá brilho à brancura" é repetida quatro vezes, uma delas ritmada apenas com o assobio do homem que está na janela e observa uma mulher que estende a roupa no alto de uma colina.

Ao cantar "Dá brilho à brancura", a mulher começa a ter um papel ativo dentro do comercial, pois aparece cantando e estendendo a roupa. Deixa de ser apenas uma voz feminina não identificada que surge no meio do comercial.

O homem não está mais no papel de uma autoridade que fala das qualidades do produto, mas interage com a figura feminina, surgindo como o marido. Subliminarmente, mostra a qualidade da limpeza e do poder de "dar brilho à brancura" ao vestir camisas brancas à janela, preparando-se para sair, e ao olhar à mulher que estende a roupa.

A idéia de brancura é reforçada nas camisas brancas que ela pendura no varal e nos vestidos brancos que as crianças vestem na última cena.

De acordo com Marcondes (2001, p. 33), esse estilo de comunicação retrata o conservadorismo da telespectadora média, que possuía poder aquisitivo para comprar uma TV no Brasil nos anos 1950. "É essa mulher, correta e careta no lar, que vai sustentar a grande tendência da comunicação nesse início de década. Ela no papel coadjuvante, carente e submissa, a que venera e admira."

O papel da mulher está diretamente vinculado aos afazeres domésticos. Nessa comunicação, ela não trabalha fora, cuida das crianças e, principalmente, da roupa do marido. Ela transmite felicidade por ter esse estilo de vida.

"São Tomé"

Algumas cenas do comercial "São Tomé"

NARRADO POR PAULO GOULART: *Pois é, tanta gente andou falando branco isso, branco aquilo que o Branco São Tomé pode parecer conversa de propaganda, mas não é; banque o São Tomé.*
VOZ MASCULINA: *Vamos, venham todos, vamos entrar na caixa de Omo Total. Venham conhecer o desafio da fronha, vamos, vejam o novo teste de São Tomé. Entrem.*
VOZ FEMININA, NARRADA POR UMA DIVULGADORA QUE ESTÁ DENTRO DA CAIXA DE OMO GIGANTE: *O novo teste de São Tomé vai mostrar para vocês que Omo Total é o único que lava em profundidade. A senhora pega uma camisa suja e coloca dentro de uma fronha branca também suja e deixa no molho de Omo Total. Vejam: o molho de Omo Total penetrou através da fronha e deixou a camisa tão branca quanto ela. Com o branco que aumenta a cada lavada até o branco total.*

Esse é o primeiro comercial em que uma mulher aparece falando diretamente ao seu público-alvo; porém, durante os 52 segundos, da chamada até o meio do comercial, são os homens que introduzem a mensagem. A estratégia de *marketing* nesse comercial, o primeiro de uma série veiculada entre 1968 e 1970, foi a de contratar um artista famoso da época, como Paulo Goulart, para dar credibilidade ao tema. O início do comercial é em tom sério, para dar sobriedade ao produto. O ator diz o texto de forma sedutora, porém séria: "Pois é, tanta gente andou falando branco isso, branco aquilo, que o Branco São Tomé pode parecer conversa de propaganda, mas não é; banque o São Tomé". Paulo Goulart convida a consumidora a experimentar o produto e verificar suas qualidades.

> O culto ao corpo e a adoração à beleza masculina, importados das telas de Hollywood (onde os galãs têm mais vez que as estrelas), colocam o homem em estado de graça e adoração. É senso comum que ele – e não elas – deve ser o centro das atenções.
> A propaganda vai reproduzir fielmente esses valores, escolhendo modelos de porte atlético e colocando os homens, sempre que possível, em primeiro plano nas imagens dos anúncios e dando-lhes mais importância na comunicação. (Marcondes, 2001, p. 33)

Esse comercial joga com a desconfiança da consumidora. No Brasil, o ditado popular "Ver para crer" é conhecido como teste de São Tome. A comunicação utiliza a analogia da história bíblica da desconfiança de São Tomé para provar a superioridade do produto e transmitir credibilidade ao sabão em pó Omo, que ainda era pouco conhecido pela consumidora.

Nesse comercial, várias mulheres aparecem para verificar o poder do detergente em pó. Uma grande caixa foi montada em um estacionamento de supermercado, com demonstradoras atestando as qualidades do novo sabão. Nesse momento, as mulheres já estão sendo retratadas fora de casa, mas continuam próximas às atividades cotidianas – ou seja, a compra em supermercados.

O primeiro filme usando o mote de São Tomé foi veiculado em 1968 – "Camisa branca guardada". Depois desse comercial, seguiu-se uma série que durou até 1970, na qual eram explorados outros tipos de lavagem, mas que ainda faziam menção às frases "Ver para crer" e "Teste de São Tomé".

A campanha seguinte da marca Omo é "A prova da janela", realizada em vários estados brasileiros. As mulheres participam das comunicações, ora respondendo a perguntas, ora mostrando as qualidades do novo lançamento da marca Omo.

O comercial com o tema "São Tomé: ver para crer" é o único que termina com uma locução feminina. Os demais sempre são finalizados com uma voz masculina, que fecha o comercial com o *slogan* da campanha da época.

"Prova da janela"

GOULART PERGUNTA: *Estamos em Ouro Preto para fazer a prova da janela. Qual é o seu nome?*

CONSUMIDORA RESPONDE NA RUA: *Regina.*

GOULART FALA: *Estamos em Recife para a prova da janela. Esta senhora vai lavar um destes lençóis usados com Omo.*

GOULART FALA: *Agora a prova da janela em São Paulo.*

GOULART FALA: *Agora é o Rio que está vendo a prova da janela.*

GOULART PERGUNTA: *Quem usa Omo?*

CONSUMIDORAS RESPONDEM NA RUA: *EU!!!*

CONSUMIDORA A DIZ: *Eu uso e posso mostrar que Omo deixa meu lençol mais branco.*

GOULART PERGUNTA: *E quem não usa?*

CONSUMIDORA B DIZ: *Eu, e acho que qualquer sabão dá o branco de Omo.*

GOULART RESPONDE: *Então escolha um.*

(CONSUMIDORAS A E B ESTÃO DENTRO DE UMA CASA E GOULART PERGUNTA): *Ficou tão branco?*
CONSUMIDORA B DIZ: *Não sei. Vamos à janela?*
TODAS AS MULHERES NA RUA, EM CORO: *OHHH!!!*
CONSUMIDORA B DIZ: *É diferente mesmo!*
GOULART: *Só Omo com azul polar brilhante que dá o branco total radiante!*

Três *frames* do comercial "Prova da janela"

"Prova da janela" foi uma campanha que a marca Omo adotou por um longo período e tinha como apresentador principal Paulo Goulart. Começou a ser veiculada em 1973 e seguiu até 1976, com filmes realizados em Recife, Blumenau, São Paulo e Rio de Janeiro, entre outras cidades brasileiras.

Nesse período, verificamos que nos comerciais da marca Omo o papel do homem ainda é central. Nessas comunicações, ele é o responsável pela credibilidade dada ao produto. Durante sua veiculação, o apresentador Paulo Goulart é o responsável por localizar o telespectador e realizar as perguntas

– portanto, conduzir a ação. Cabe às mulheres das diferentes cidades somente responder às perguntas feitas. É com a voz de Paulo Goulart que o comercial começa e termina.

A comunicação ainda explora a dúvida e a desconfiança sobre a superioridade do produto. Assim, o teste da janela é o método encontrado para comprovar a superioridade do detergente em pó Omo no quesito brancura.

Quando Goulart pergunta, no meio da rua, em uma roda cheia de mulheres: "Quem usa Omo?", várias mulheres respondem: "EU!!!" A mulher mais jovem e bonita revela-se consumidora da marca Omo e diz: "Eu uso e posso mostrar que Omo deixa meu lençol mais branco". Goulart pergunta: "E quem não usa?" A senhora mais velha e com rosto crítico revela-se como a não consumidora da marca e diz: "Eu, e acho que qualquer sabão dá o branco de Omo". Depois de um período, as duas encontram-se na casa de uma das mulheres e mostram os dois lençóis na janela: a consumidora que usou Omo mostra um lençol branco, e a outra, um lençol amarelado. O comercial termina com a fala de Goulart: "Só Omo com azul polar brilhante que dá o branco total radiante!"

Nessa comunicação, usando os diferentes estereótipos de mulher, identifica-se a mais jovem e bonita com um tom de voz amável como a consumidora da marca Omo e a mulher mais velha e comparativamente mais feia com um tom de voz inquisititivo como a não usuária.

> A relação da propaganda com sua principal consumidora, a mulher de classe média brasileira, se dará, como sempre, de forma conservadora. O movimento feminista e algumas de suas conquistas da época vão expressar-se na comunicação publicitária de forma atenuada e adaptada às leis do mercado. Mulher independente fuma tal cigarro. Mulher moderna compra para o seu marido tal roupa, que não amassa e ela não precisa passar. (Marcondes, 2001, p. 49)

A forma de demonstrar a modernidade da dona-de-casa que usa Omo foi criar uma analogia com a juventude e beleza de sua usuária, pois, ao final, a consumidora da marca foi a mulher ousada que acabou ensinando e comprovando a superioridade do produto. Por meio desse comercial, verificamos que as campanhas de Omo tentam acompanhar a emancipação feminina e o ingresso da mulher no mercado de trabalho, na medida em que já a retratam fora dos afazeres do lar. A mulher é representada na rua e nas praças e não aparece mais lavando ou estendendo a roupa. No momento em que tentam demonstrar os resultados da brancura do lençol lavado com Omo, as mulheres aparecem na sala de estar. Depois se dirigem à janela, para a comprovação visual à luz do dia.

> A partir da década de 1970 houve uma consolidação de um novo papel assumido pela mulher, sobretudo como consumidora de produtos e serviços. Ela passou definitivamente a ocupar uma posição muito mais independente, participativa e atuante, conquistando espaços sociais cada vez mais amplos, motivada e amparada por instrumentos jurídicos e institucionais de proteção ao consumidor, destacando-se entre eles o Código de Defesa do Consumidor, em vigor desde 1991. (Galvão, 1998, p. 94)

O teste da janela também pode estar relacionado com o costume das mulheres, na época, de ficar na janela das casas vendo a movimentação da vizinhança. Assim, o teste da janela está relacionado com o "mostrar-se" e o ser visto por todos através da janela.

CONSUMIDORA A: *Vem, filha.*
JONAS BLOCH: *Estamos entrevistando donas-de-casa que não usam Omo para saber se conseguimos mudar a opinião delas.*

LETTERING: *Priscila Torres*
JONAS BLOCH: *Priscila, você escolhe o seu sabão em pó de que maneira?*
PRISCILA — CONSUMIDORA B: *Pelo preço.*
JONAS BLOCH: *Você usa Omo?*
PRISCILA — CONSUMIDORA B: *Não.*
JONAS BLOCH: *Mas você não sabe que só Omo tem mais brilho, tem melhor desempenho e qualidade?*
CONSUMIDORA C: *Eu ouvi dizer, mas não acreditei, não, tô tão acostumada com o meu que ...*
JONAS BLOCH FALANDO COM A CONSUMIDORA D: *Eu lhe ofereço Omo para a senhora usar durante um mês e a senhora compara com os outros produtos. Vamos ver o que acontece?*
JONAS BLOCH: *Faça você também como dona Priscila, usando Omo, que dá o branco que sua família merece.*
PRISCILA — CONSUMIDORA B: *Compensa, viu. Acho que todo mundo devia experimentar.*

Nessa campanha testemunhal, os nomes das entrevistadas aparecem na tela para criar o clima de veracidade e dar credibilidade ao comercial. A primeira cena, com a consumidora A, é muito comum no cotidiano feminino. A mãe sai do carro e chama a filha, abrindo espaço para a imaginação do telespectador, que pode se identificar com a cena por imaginá-la em suas ações diárias de ir ao supermercado ou de levar os filhos à escola.

Outras três mulheres são entrevistadas em espaços que parecem ser a saída de um supermercado, uma vez que todas estão com as duas mãos apoiadas na frente (em carrinhos) enquanto respondem às perguntas do entrevistador.

A segunda mulher a ser entrevistada por Jonas Bloch, com o nome de Priscila — consumidora B, declarou não usar a marca Omo, pois escolhe os produtos pelo preço. Tal relato já evidencia o preço elevado da marca em comparação aos outros detergentes em pó.

A mesma mulher (Priscila) aparece na última cena, dentro de sua casa, conversando com o entrevistador Jonas Bloch na sala de estar. A cena começa com a fala de Jonas: "Faça você também como dona Priscila, usando Omo, que dá o branco que sua família merece". E ela termina o comercial dizendo: "Compensa, viu. Acho que todo mundo devia experimentar", justificando, assim, o preço elevado da marca, pois a palavra "compensa" subentende que, apesar de ser mais caro, Omo vale a pena, pois oferece "o branco que sua família merece".

Como as entrevistas começaram fora da casa, no meio da rua, o fato de a última cena terminar na sala da entrevistada cria um ambiente amistoso, pois receber uma pessoa dentro de casa é sinal de hospitalidade – não deixamos qualquer pessoa entrar em nossa casa – e confiança, que também pode ser entendida como confiança no produto que conseguiu "entrar na casa" da consumidora.

Segundo Galvão (1998, p. 106), "David Ogilvy também aponta sexo, cenas da vida real e os testemunhais como importantes recursos criativos".

As campanhas testemunhais com Jonas Bloch vão de 1979 a 1984 e continuam com o mesmo formato de comunicação até 1997. São mais de trinta execuções, nas quais a mulher é representada em seus afazeres cotidianos, tanto fora como dentro do lar. Essa realidade retratada é conseqüência da dupla jornada de trabalho da mulher, que mesmo trabalhando fora assume a responsabilidade de administrar a casa.

Segundo Marcondes (2001, p. 167), os comerciais da empresa Gessy Lever "dificilmente subirão ao palco das premiações internacionais de criatividade. Mas têm a competência de garantir ao conglomerado uma sólida e histórica presença na mente das donas-de-casa brasileiras".

Omo Multiação

Nos anos 1990, a marca Omo dividiu-se em variantes para atingir os diferentes perfis e necessidades das consumidoras. Assim, os comerciais também foram segmentados para atingir os diferentes públicos-alvo.

A entrada do detergente em pó Ariel no mercado brasileiro, em 1998, inovou a comunicação da categoria detergente em pó. A resposta da marca Omo ao novo concorrente foi desenvolver campanhas que iam além do formato tradicional de testemunhal.

Em conseqüência, as análises das próximas campanhas estarão divididas em três blocos de comunicação:

- Omo Multiação
- Omo Progress
- Ariel

Essa escolha baseou-se na importância da marca em relação à penetração no mercado brasileiro e na alta qualidade dos produtos. No caso de Ariel, a penetração no mercado é baixa, mas sua comunicação concorre diretamente com a marca líder. Além disso, as mensagens das marcas apresentam diferenças significativas de estilo.

Segundo Galvão (1998, p. 98),

> David Ogilvy, para muitos considerado um dos papas da publicidade mundial, coloca a questão da produção de idéias criativas como resultante da combinação de três elementos fundamentais: conhecimento profundo do produto a ser anunciado, posicionamento correto ("o que o produto faz e a quem se destina") e segurança em termos de qual é a imagem (ou personalidade) desejada para o produto.

Esses comerciais começam a retratar a nova mulher do século XX, assim como os diferentes perfis de mulher.

Entrevista com câmera

O comercial de lançamento de Omo Multiação

(O COMERCIAL COMEÇA COM A CONSUMIDORA FALANDO, ORA COM AS CENAS FILMADAS POR ELA, ORA ELA SENDO FILMADA PELA ENTREVISTADORA): *Naquele dia mesmo, sentada, assistindo à televisão, escrevi a historinha. Foi uma surpresa, assim, tremenda, né. Ah!! Sério, aí, você leu minha carta.* LETTERING: OMO MOSTRA... MARIA CRISTINA & FAMÍLIA *Se sujar já é um problema na minha casa, minha filha se esfregando pela casa deixando ela preta. Acho que vou economizar um pouquinho, então ponho um sabão baratinho aí e vou comparar; aí a roupa de branquinha ficou amarelinha, aí eu falei: não, eu vou voltar, né? E voltei pro Multiação. Aí eu pego a camiseta encardida, coloco no tanque, dou uma esfregadinha, né, e sai deste jeitinho assim. É uma economia pra mim tremenda. Hoje o país só fala de economia, economia pra mim é bárbaro, né, olha pra mim: o Multiação não é dez, é mil.*
VOZ EM OFF, MASCULINA: *Melhor que Omo, só Omo.*

 O formato de entrevista, adotado desde a campanha de São Tomé, introduz o apresentador masculino em todos os comerciais, e cabe à mulher entrevistada somente responder às perguntas realizadas. A última etapa da campanha testemunhal começa em 1997 e vai até 1999. A campanha seguinte, denominada "Entrevista", mostra uma evolução da fase testemunhal, pois é o primeiro filme em que a mulher inicia e conclui o comercial. A única locução masculina é no *slogan* final, usado para dar credibilidade à marca.

Segundo Marcondes (2001, p. 168), "a Gessy Lever é responsável pela maior e mais duradoura campanha testemunhal de donas-de-casa do mundo, a de Omo, que garante a presença da marca na mídia há décadas".

Inicia-se uma mudança no discurso utilizado nas campanhas de Omo. Os testemunhais no formato entrevista são substituídos pela narrativa direta de uma consumidora. Essa nova fase começa com uma consumidora contando sua história.

> Em 1998, a Lever lançou uma promoção que escolheria as próximas protagonistas de sua série de comerciais. Foi uma promoção que recebeu milhares de cartas de consumidoras de todo o país, de diferentes classes sociais e diferentes estilos de vida, mas com uma coisa em comum: a preferência pela superioridade absoluta de Omo. (*Omo*, 1998, p. 17)

Com essa promoção, mulheres famosas e atrizes comuns em testemunhais são substituídas por consumidoras do dia-a-dia, criando uma identificação entre a consumidora do produto e a "consumidora" do comercial, além de dar maior veracidade ao novo formato de testemunhais.

> Campanhas testemunhais requerem uma idéia que vá além da técnica. De outra forma, não passam de conversa fiada. Testemunhos dizem ao telespectador: "Esta é a verdade". Há um clima de autenticidade quando se usa gente de verdade, muito mais do que com um ator profissional: uma pausa fora de hora, sintaxe capenga, um pigarro, maquiagem e roupas pouco adequadas. (Roman, 1994, p. 30)

A autenticidade a esse testemunhal é dada pelo *lettering* com o nome da mulher e as falas de surpresa ao receber a informação de que "Omo" lera sua carta: "Naquele dia mesmo, sentada, assistindo à televisão, escrevi a historinha. Foi uma surpresa, assim, tremenda, né. Ah!! Sério, aí, você leu minha carta". A forma como ela se expressa personifica a marca Omo: "Você leu minha carta", como se a marca pudesse agir como um personagem.

A consumidora, Maria Cristina, começa e termina o comercial sem a necessidade da intervenção de um interlocutor masculino, porém percebe-se pelo discurso da protagonista que foi necessário um(a) entrevistador(a) oculto(a) para realizar as perguntas. A edição dada ao comercial faz que ela responda e conte sua experiência com a marca Omo em forma de narrativa.

As cenas gravadas pela equipe de produção que entrevistou Maria Cristina têm melhor qualidade de imagem e se diferenciam das que aparecem na tela sem o ícone da câmera amadora utilizada por ela durante seu dia-a-dia. A posição de câmara induz a telespectadora a certa cumplicidade, de "bate-papo" na cozinha e na casa da entrevistada.

O relato de Maria Cristina mostra que ela era consumidora de Omo e experimentou marcas baratas para economizar no orçamento familiar, porém o custo-benefício não compensou, pois a economia feita ao comprar um "sabão baratinho" deixou as roupas amareladas: "Acho que vou economizar um pouquinho, então ponho um sabão baratinho aí e vou comparar; aí a roupa de branquinha ficou amarelinha, aí eu falei: não, eu vou voltar, né? E voltei pro Multiação. Aí eu pego a camiseta encardida, coloco no tanque, dou uma esfregadinha, né, e sai deste jeitinho assim".

A forma de persuasão utilizada foi a de criar o medo de estragar as roupas com um sabão de qualidade inferior ou mais barato. O arrependimento por deixar de comprar Omo é demonstrado pelo argumento da roupa encardida, ao dizer: "É uma economia pra mim tremenda". Existe um jogo de palavras, uma vez que ela fala da economia no tempo de molho e de menos esfrega, mas também entende-se que o produto é econômico e, conseqüentemente, mais barato, pois logo em seguida ela diz: "Hoje o país só fala de economia, economia pra mim é bárbaro, né, olha pra mim: o Multiação não é dez, é mil".

Como constataremos na análise do comercial de Ariel, o concorrente encontrou uma oportunidade para desenvolver uma comunicação satírica, ao declarar a necessidade de "dar uma esfregadinha" para deixar a roupa limpa.

"Vovó"

Cena do comercial "Vovó"

(CRIANÇAS RECEPCIONAM VOVÓ COM CARTAZ / CRIANÇAS LEVANTAM CARTAZ COM AS ROUPAS SUJAS DE TINTA / CENAS SÃO RECUADAS) LOCUTOR: *Tudo bem, mamãe. Se os vestidos novos não têm mancha, também não tem homenagem. Deixe eles mostrarem como são criativos, depois o novo Omo Multiação com sistema bioativo elimina as manchas sem estragar os tecidos. Novo Omo Multiação. Porque não há aprendizado sem manchas.*

Enquanto os profissionais de criação dos anos 1960 já ousavam experimentar e investir em comunicações com apelos emocionais, os comerciais de Omo demoraram a mudar seu estilo com argumentos puramente racionais, começando a investir no emocional apenas em 2000. A campanha "Vovó" faz parte do ciclo de filmes com a assinatura "Não há aprendizado sem manchas".

Segundo Pinho (1998, p. 34),

> os anos 1960 foram o pano de fundo para a era da criatividade na publicidade brasileira, na qual o maior prestígio era desfrutado pelos profissionais de criação com a correspondente perda de espaço dos contatos. Os anúncios experimentaram uma profunda reformulação na sua forma e conteúdo, com os argumentos racionais (*reason why*) dando lugar aos apelos emocionais.

Esse comercial começa com uma trilha sonora semelhante a uma marcha com ritmos infantis, e, durante todo o filme, apenas a voz do interlocutor masculino narra a história, que termina com a assinatura da campanha. A narrativa é de um observador que mostra o ponto de vista da marca Omo, como se ele percebesse a reação de prostração da mãe ao ver as roupas das filhas cheia de tinta e fizesse o contraponto da recepção de boas-vindas à avó sem as manchas nas roupas.

Apesar de a estrutura de voz masculina, crianças brincando e mulher dentro de casa ser igual à dos comerciais de décadas atrás, a grande inovação na comunicação está no fato de representar uma situação cotidiana. Pela primeira vez, os argumentos emocionais ensinam a mulher a deixar seus filhos sujar-se, pois assim eles desenvolvem a criatividade. Ao dizer: "Tudo bem, mamãe. Se os vestidos novos não têm mancha, também não tem homenagem. Deixe eles mostrarem como são criativos, depois o novo Omo Multiação com sistema bioativo elimina as manchas sem estragar os tecidos". O interlocutor estimula a mãe a ficar mais tranqüila com a sujeira das crianças e com as roupas novas, pois ele garante que o novo sistema tecnológico do detergente em pó eliminará as manchas.

O argumento racional limita-se à frase diretamente ligada ao apelo emocional: "Deixe eles mostrarem como são criativos, depois o novo Omo Multiação com sistema bioativo elimina as manchas sem estragar os tecidos".

O comercial começa a educar a telespectadora sobre a importância do aprendizado dos filhos por meio da experimentação: "Não há aprendizado sem manchas". É o início de uma linha de comerciais que cada vez mais se aproximam da realidade educacional do século XX. Há quarenta anos, em um comercial de detergente em pó, as crianças eram retratadas com roupas limpas, os meninos com roupas parecidas com as dos adultos e as meninas com vestidos de preferência brancos. Agora o foco está na possibilidade do sujar-se para aprender e acreditar que Omo limpará as manchas.

A capacidade de retratar a realidade familiar e conseguir unir a funcionalidade de um produto com o emocional é que chama a atenção do telespectador para o comercial.

> O que se vê na propaganda dos dias atuais somos nós mesmos, nossa família, nossos amigos, nossos vizinhos, gente conhecida que faz tudo que nós fazemos, moram em casas parecidas com as nossas e consomem os mesmos produtos que consumimos. E é exatamente por isso que, diante de uma propaganda bem-feita, nos reconhecemos e nos emocionamos. (Galvão, 1998, p. 113)

O detalhe em retratar a avó das crianças como uma avó moderna, jovem e ativa – percebe-se pelo terninho da personagem – é um diferencial, pois esse modelo de avó é aspiracional para qualquer mulher que deseja chegar à terceira idade ativa, independente e querida pelos netos. A independência é entendida pelo fato de ela não morar com os netos (lê-se no cartaz: "Seja bem-vinda" – a avó veio apenas para visitá-los).

"Batatinha"

VOZ INFANTIL: *Mãe, posso comprar mais batatinha?*
VOZ FEMININA: *Sim, senhor.*
(MÚSICA / MENINO VAI PARA FILA)
VOZ INFANTIL: *Batatinha.*
LOCUTOR: *Tudo que o seu filho aprende é uma coisa nova.*
(MENINO ENCOSTA PACOTE DE BATATINHA NA ROUPA) *E você não precisa mais se preocupar com as manchas de gordura. Novo Omo Multiação com Bioativo Max. Ele elimina completamente manchas de gordura sem esfregar os tecidos. Omo Multiação. O aprendizado fica, as manchas não.*

Cena do comercial "Batatinha"

O comercial "Batatinha" é a evolução da "Vovó" em todos os sentidos:

• Pela primeira vez a criança fala logo na primeira cena do comercial.
• A mãe responde à pergunta da criança.
• Os dois estão fora de casa, em um espaço que lembra a praça de alimentação de um *shopping center*.

Esse comercial responde à evolução da etapa "Não há aprendizado sem manchas". A telespectadora aprendeu a deixar os seus filhos se sujarem, para que eles possam aprender com a experiência. Agora, o novo *slogan*, "O aprendizado fica, as manchas não", oferece a garantia de que os filhos aprendam coisas novas a cada atitude ou ação. O que importa são essas conquistas e aprendizados diários, pois as lições são acumuladas como repertório do filho e as manchas (fruto do aprendizado) não ficam acumuladas nas roupas.

A telespectadora metropolitana identifica-se facilmente com esse comercial, pois a mulher que vive na cidade geralmente tem prazer em passear no *shopping* para fazer compras, para ver as vitrines das lojas ou apenas para comer com os filhos fora de casa. Além de estar fora da residência, ela ainda tem a oportunidade de ensinar ao filho de forma natural e agradável. Ela mostra o valor do dinheiro, ensina matemática e estimula a independência por meio de uma situação do cotidiano.

Na pesquisa realizada por Galvão (1998, p. 82), percebe-se a importância de retratar a realidade da mulher, verificar como ela gostaria de ser representada, para assim desenvolver um comercial.

> As entrevistadas revelaram que a imagem da modelo nua, perto de qualquer produto, é menos ofensiva do que a mulher-margarina, porque enquanto a primeira assumiu decisiva e definitivamente uma sexualidade dentro do padrão erótico-masculino, a segunda passa uma ideologia falsa, sem respaldo na realidade.

A "mulher-margarina" de Galvão, "é a mulher assexuada e limitada, que só pensa em deixar a casa limpa". A mulher desse comercial é a mulher contemporânea, que está presente no desenvolvimento do filho, mas que também é dona de sua vida.

A locução final continua a ser masculina, estrutura adotada até os dias atuais, como forma de credibilidade e autoridade de uma marca que criou uma identidade masculina. A assinatura é identificada como se a marca Omo endossasse o comercial.

"Praia"

Cena do comercial "Praia"

(MÚSICA / CENAS NA PRAIA / CRIANÇAS PEGAM GALHOS DE ÁRVORE E LEVAM PARA A AREIA) LOCUTOR: As crianças têm uma visão diferente sobre sujar as suas roupas. A partir de hoje, Omo te convida a fazer o mesmo. Porque o que você está vendo aqui não são apenas crianças sujando suas roupas, são crianças criando e se desenvolvendo. (CRIANÇAS CRIAM DESENHO NA PRAIA COM GALHOS) Omo. Porque se sujar faz bem. (AO FUNDO, OBSERVA-SE O DESENHO DE UMA BALEIA FEITA COM OS GALHOS QUE AS CRIANÇAS ESTAVAM CARREGANDO.)

A trilha sonora do comercial "Praia" possui uma pontuação musical feita com o piano e o som de crianças ao fundo que logo chama a atenção do telespectador. O projeto sonoro envolve o telespectador pela curiosidade, pois cria um ambiente de nostalgia.

Quase sempre a melhor música é aquela que você nem percebe que existe. Quando você vê um comercial ainda sem trilha sonora, ele parece fraco, sem nenhuma emoção. A pontuação musical – enfatizando a derrapagem de um carro na estrada, por exemplo – indica ao espectador como deve se sentir. Existem também efeitos de som não musicais (portas batendo, grilos ao fundo) combinando com a música. Tudo isso é chamado de *sound design*, o projeto sonoro. (Roman, 1994, p. 35)

Didático-pedagógica, a peça publicitária faz a apologia da natural relação das crianças com o sujar-se. É o primeiro comercial em que apenas crianças aparecem; toda a narrativa é realizada por uma voz masculina. O produto tem como público-alvo a mulher, porém em momento algum ela é mencionada. O foco está no aprendizado e desenvolvimento da criança. A telespectadora observa e aprende, com os ensinamentos de Omo, qual é a visão das crianças em relação a sujar suas roupas.

A frase "A partir de hoje, Omo te convida a fazer o mesmo" enfatiza a personificação da marca Omo.

O desenvolvimento desse comercial só foi possível graças ao repertório adquirido com as comunicações anteriores sobre o aprendizado relacionado com as manchas. Quando o locutor diz: "Porque o que você está vendo aqui não são apenas crianças sujando suas roupas, são crianças criando e se desenvolvendo", é possível verificar a evolução do aprendizado no desenvolvimento dos filhos – não apenas da parte intelectual, mas também artística, coletiva, emocional e do raciocínio lógico, pois eles conseguem montar uma figura ao ar livre (praia) com a ajuda dos amigos e com o trabalho em equipe.

A compreensão do trabalho realizado pelas crianças, interpretado como uma brincadeira simples na praia, é percebida ao final do comercial, pois no início não é possível identificar o que eles estão fazendo. Na última cena, entretanto, a imagem de uma grande baleia desenhada com os galhos e troncos de árvore pode ser vista do alto de uma pedra. Tal figura, construída com a ajuda de todas as crianças, ainda mostra o raciocínio lógico que os pequenos tiveram de desenvolver: na cena seguinte, a onda que se aproxima da praia passa por baixo da figura e um efeito especial faz a água do mar jorrar pelo orifício respiratório da baleia.

As diferentes assinaturas mostram a evolução das mensagens referentes ao aprendizado da criança e ao poder do produto Omo em remover essa sujeira adquirida com o aprendizado:

- Não há aprendizado sem manchas.
- O aprendizado fica, as manchas não.
- Omo. Porque se sujar faz bem.

Essa última mensagem vai além da preocupação da mãe quando os filhos se sujam. No começo, ela teve de se acostumar com a idéia de que sujeira era sinônimo de aprendizado; depois, adquiriu a segurança de que o aprendizado fica incorporado em seus filhos e que Omo não deixaria que o mesmo acontecesse com a sujeira nas roupas; e, por último, a telespectadora aprendeu a deixar os filhos sujar-se, e a marca afirma-se como a responsável por garantir que essa sujeira fará bem aos filhos, sem a necessidade de verbalizar o poder da marca em remover manchas. A sinalização desse benefício surge apenas com a marca: "Omo. Porque se sujar faz bem".

A mulher passa a ser a receptora do comercial. A telespectadora em casa não precisa estar presente nas cenas do filme para se identificar com a situação; esta acontece quando ela compreende que, ao mudar as próprias atitudes em relação à sujeira das roupas dos filhos, fará parte da vida e do desenvolvimento deles.

Omo Progress – Amamentação

(MÚSICA / AMAMENTAÇÃO) LOCUTOR: *Tem situações onde você é insubstituível e tem outras onde só Omo Progress pode substituir você. Ele funciona como uma lavanderia especializada e garante os melhores resultados. Assim, ele cuida das roupas, e você, de outras coisas importantes. Omo Progress. Faz por você o que nenhum outro faz.*

Frame do comercial "Amamentação"

A comunicação de Omo Progress enfatiza a realidade da mulher que trabalha fora, que precisa se desdobrar para cuidar do bebê na fase de amamentação, cuidar da casa e ainda ser uma profissional reconhecida. É o ideal da mulher moderna.

Esse comercial procura retratar a realidade de uma pequena parcela da população feminina, que tem condições de ir para casa no meio do expediente para amamentar o filho e depois voltar ao trabalho. É a imagem aspiracional da trabalhadora brasileira, com uma vida financeiramente estável, que trabalha por prazer, não pela necessidade de sustentar a casa.

Nesse comercial, a mulher é reconhecida pelo seu sucesso profissional, pois uma cena em que ela parece explicar algo sobre uma maquete e uma planta mostra que é uma mulher requisitada, liderando uma equipe na qual os subordinados ou membros são homens. Segundo Roman, a melhor estratégia para vender produtos de primeira linha, como a marca Omo, é entender o que as pessoas procuram neles e deixar suas aspirações subentendidas.

Segundo Roman (1994, p. 153), "é crucial entender a psicologia do que as pessoas procuram nos produtos *premium*, pois só assim poderemos criar uma propaganda eficaz. Vender prestígio é uma forma rápida de fracassar; deixar subentendido é a melhor estratégia".

Hoje, o homem dentro de casa já começa a exercer seu direito de pai, aquele que acompanha o crescimento e desenvolvimento do filho. Na embalagem de Omo Progress, o ícone de identificação dessa variante é a imagem de uma mulher com um homem no canto inferior direito.

> Se hoje vemos anúncios e filmes mostrando a mulher atuando em todas as frentes e em múltiplas atividades fora do lar, tomando atitudes antes reservadas exclusivamente ao homem, é porque isso já se incorporou ao repertório social deste fim de século XX, da mesma forma que é natural ver na propaganda um homem alimentando ou cuidando de uma criança, lavando louça, fazendo faxina e até mesmo... chorando! (Galvão, 1998, p. 113)

O homem aparece como colaborador das tarefas que antes eram exclusivamente femininas, como cuidar dos filhos, porém ainda não é ativo nas atividades domésticas, como lavar e passar roupas.

A locução desse comercial é semelhante à dos comerciais "Vovó" e "Praia", isto é, exclusivamente masculina.

"Tem situações onde você é insubstituível e tem outras onde só Omo Progress pode substituir você." A frase enfatiza o fato de a mulher ser insubstituível na amamentação, mas mostra que só Omo Progress tem condições de substituí-la na lavagem de roupa.

A frase "Ele funciona como uma lavanderia especializada e garante os melhores resultados" é a forma de comparar a eficácia do produto com a qualidade do resultado de uma lavanderia, geralmente utilizada para lavar as roupas mais delicadas – como o terno usado no comercial pelo marido –, que exigem cuidados especiais.

A assinatura "Faz por você o que nenhum outro faz" não traz referência ao aprendizado como em Omo Multiação. A mensagem insinua que apenas o produto de marca Omo Progress é insubstituível, pois oferece condições para que a mulher cuide da casa, do trabalho e do filho.

O reforço racional para a telespectadora acreditar que só Omo Progress é capaz de "fazer por você o que nenhum outro faz" é dado por um trabalho em computação gráfica que aparece na tela, chamando a atenção da consumidora para a remoção das manchas dentro da água. A telespectadora entende o argumento por meio de uma comunicação visual.

"Jogar na máquina"
VOZ FEMININA FALANDO AO TELEFONE (1): *Pagamento amanhã, tá. Não, claro...*
(PESSOAS JOGAM ROUPAS SUJAS DENTRO DE MÁQUINA DE LAVAR / MÚSICA)
VOZ FEMININA (2): *Não acertei!*
LOCUTOR: *Chegou o novo Omo Progress com partículas de ação seletiva. Ele identifica cada tipo de mancha e de tecido, por isso é o melhor para remover as manchas mais difíceis na primeira lavagem.*
VOZ FEMININA (2): *Tá vendo...*
LOCUTOR: *É só jogar na máquina e pronto!*
VOZ FEMININA (2): *Acertei!*

A locução do comercial "Jogar na máquina" começa e termina com uma voz feminina. A primeira fala, "Pagamento amanhã, tá. Não, claro...", mostra a cena de uma mulher que administra algo financeiramente referente ao próprio salário ou de outra pessoa. É uma mulher moderna e dinâmica, que trabalha, resolve as coisas do escritório e da casa, joga a roupa na máquina e, ao mesmo tempo, fala ao telefone.

No comercial, o papel do homem como colaborador da mulher nas tarefas domésticas começa a ser retratado. É possível observar três homens diferentes que chegam do futebol, do trabalho ou que estavam em casa. Eles tiram a camisa e jogam na máquina. São homens de meia-idade, bonitos, com cabelos grisalhos e em sua maioria com corpo musculoso, mas acessíveis. A imagem de homem retratada parece uma resposta ao comercial dos maridos ideais de Ariel.

Apesar de a marca ser de primeira linha, as cenas do comercial mostram sempre casas normais e pessoas do cotidiano, não cenários montados com imagens de casas milionárias. Esse fato vai ao encontro do pensamento de Roman (1994, p. 152):

> Antes essas marcas *premium* eram coisa de gente bem de vida, mas hoje são produtos para todos. Deve-se isso tanto à crescente sofisticação quanto à prosperidade. Basta observar a secretária com a bolsa Gucci ou o lenço Hermes. Segmentações de atitudes como essas são difíceis de isolar, mas formam um mercado atraente.

Hoje, o diferencial para vender as marcas de primeira linha é saber identificar o que as consumidoras buscam na marca do produto. Com esse comercial, é possível acreditar que as consumidoras dessa marca buscam praticidade, uma vida sem a necessidade de perder tempo esfregando as roupas ("É só jogar na máquina e pronto") e a aspiração de ter em casa um homem real (diferente dos maridos ideais e ilusórios de Ariel), que as ajude nas tarefas simples. Essa ação cria no imaginário da mulher a imagem de um homem que a ajuda também em outras atividades cotidianas da casa, como tirar a mesa, guardar a louça etc.

Mais uma vez, o argumento racional para que a telespectadora acredite que o novo produto possui partículas seletivas que realmente atacam as manchas específicas foi desenvolvido com a ajuda da computação gráfica. Uma imagem ilustra partículas coloridas que se separam e atacam as manchas específicas com a ação das moléculas.

A assinatura "É só jogar na máquina e pronto" condiz com o estilo de vida apresentado no comercial, no qual todos jogam as peças de roupa suja na máquina, como se esta fosse uma cesta e a roupa simbolizasse a bola.

No próximo capítulo, sobre *merchandising*, analisaremos como a assinatura foi explorada na comunicação 360º da marca Omo Progress.

Ariel
Em 1837, William Procter e James Gamble criaram, na cidade de Cincinnati, estado de Ohio, Estados Unidos, uma pequena fábrica de sabão, dando origem à Procter & Gamble. Hoje, a empresa está presente em mais de 140 países, com faturamento global de 37,5 bilhões de dólares.[13]

A marca Ariel pertence à Procter & Gamble desde 1926, quando foi adquirida da empresa americana Hewitt Soap. Nos anos 1960, a P&G lançou a marca Ariel em vários países. A empresa começou a atuar no Brasil em 1988, com a aquisição da Perfumarias Phebo S.A. A marca Ariel entrou no mercado brasileiro em abril de 1998, lançado primeiramente na região Sul.

O primeiro comercial veiculado pela marca Ariel transmitia a angústia da atividade doméstica de lavar roupas, representada

---

13 Dados retirados do *site* http://www.procter.com.br/pg/

por mulheres que carregavam nas costas cestas de roupas sujas e pesadas, com máquinas de lavar presas por correntes de metal. A trilha sonora era aguda, e o tom da música só diminuía quando o locutor dizia: "Experimente a liberdade que só um produto superior pode dar. Chegou Ariel, o sabão em pó mais vendido no mundo". Nesse momento, as mulheres chegavam ao topo de uma montanha e enxergavam uma luz, soltando-se das correntes.

Comercial de lançamento

(MÚSICA INSTRUMENTAL AGUDA) VOZ MASCULINA: *Experimente a liberdade que só um produto superior pode dar. Chegou Ariel, o sabão em pó mais vendido no mundo.*

O comercial de lançamento da marca tentava demonstrar que, até a chegada do detergente em pó Ariel, as mulheres eram escravas da lavanderia, das máquinas de lavar e das cestas de roupas sujas.

O reforço racional para justificar o motivo de a marca Ariel ser superior às outras e com o poder de libertar as mulheres desse sofrimento era dado na assinatura: "Chegou Ariel, o sabão em pó mais vendido no mundo".

A representação das mulheres acorrentadas às cestas de roupas e máquinas de lavar mostra a insatisfação delas com a atividade doméstica e a possibilidade de libertação com o uso do novo produto.

"Maridos ideais"

LOCUTOR: *Você é uma mulher diferente das outras, não é? Só que tem um marido que não ajuda a lavar roupa? Sabia, igualzinho a todos. Bom, opção 1: separar. Não? Opção 2: usar Ariel.*
(HOMENS SAEM DOS GRÃOS DO SABÃO EM PÓ PARA LAVAR ROUPA) CORO MASCULINO CANTA: *Hei! Hei!*

LOCUTOR: *Ariel é o único que tem maridos ideais em cada um de seus grãos. Eles têm o poder do sabão em barra e do alvejante seguro e fazem o serviço pesado para você não precisar esfregar a parte das manchas. Suas roupas ficam muito mais limpas e você ainda tem tempo para coisas assim... mais agradáveis.*
(MULHER SENTA NO SOFÁ E TIRA O CONTROLE REMOTO DA TELEVISÃO DA MÃO DO MARIDO) *Ariel. O único com maridos ideais para lavar muito melhor.*

Esse comercial de Ariel é irreverente, pois mostra os defeitos que as mulheres vêem nos maridos. O locutor interage com a esposa do comercial, mostrando que ela é diferente das outras mulheres, mas tem um marido que não a ajuda em casa, como a maioria dos homens. Com a afirmação de que ela é uma mulher diferente, tenta mostrar sua superioridade em relação às outras.

O locutor lhe oferece duas opções para o problema do marido que não ajuda em casa: 1) separar-se dele; 2) usar Ariel.

Quando ele fala em separação, a mulher não verbaliza, apenas gesticula respondendo não com a cabeça. No momento que ele diz: "2: usar Ariel", a cena abre com a mulher dosando o detergente em pó. Não foi necessário o endosso verbal para responder ao locutor. A linguagem oral transmitiu as idéias do pensar, mas a expressão corporal denunciou os sentimentos.

Segundo Jun Okamoto, somente 35% do significado social de qualquer conversa corresponde às palavras pronunciadas. A lateralidade cerebral direita possui a capacidade de detectar o restante da comunicação não-verbal, como as posturas e expressões do corpo. Eis o motivo da especialização da comunicação não-verbal nos comerciais de televisão, pois em quinze segundos é necessário transmitir uma mensagem e criar um processo de identificação para estimular a compra.

No final do século XX, o preconceito em relação à mulher separada já não existia. Por esse motivo, é possível que os criadores do comercial tenham se sentido confortáveis em sugerir a opção de a esposa se separar do marido, que não a ajuda nos afazeres domésticos. Cria-se, com essa cena, uma identificação com as mulheres divorciadas; porém, no momento em que a mulher do comercial nega a sugestão, é como se a marca Ariel pudesse oferecer uma opção para os problemas que a mulher enfrenta no casamento.

O argumento racional para mostrar a superioridade do detergente em pó Ariel é totalmente lúdico e ilusório: "Ariel é o único que tem maridos ideais em cada um de seus grãos". A utilização de homens bonitos, fortes e jovens, vestidos com macacão, representa a ação dos grãos do detergente na lavagem e substitui os "maridos ideais".

A analogia dos grãos de Ariel com "maridos ideais" foi uma forma lúdica e bem-humorada de compensar o marido real que está ao lado e que não ajuda nas tarefas domésticas. A consumidora procura na marca Ariel o marido ideal que ela deseja. "Abordamos o humor como recurso diferencial e, de certa forma, persuasivo a ser evidenciado como uma linguagem utilizada na criação publicitária" (Lange, 1998, p. 213).

A associação do produto ao "marido ideal" jovem e bonito identifica Ariel como uma marca jovem, companheira da dona-de-casa e que realiza o trabalho difícil da esfrega das manchas por ela. O produto cumpre a proposta de uma limpeza superior de alta *performance* com o reforço racional oferecido pela fantasia da existência de "maridos ideais" dentro das caixas do detergente em pó:

> Normalmente, o cliente percebe o valor como um conceito muito mais amplo, relacionado com sua experiência de vida, fantasias e, principalmente, expectativas sobre o produto, criadas pela publicidade ou pelas intenções entre ele e o vendedor. Nem sempre o aspecto técnico domina a experiência com determinado produto. Por isso, o que deve

predominar para as empresas é o valor, na forma como é percebido pelos clientes. (Ferreira e Sganzerlla, 2000, p. 15)

A telespectadora pode se identificar com a personagem do filme no momento em que o locutor começa sua fala: "Você é uma mulher diferente das outras, não é?" Afinal, as mulheres gostam de se sentir únicas. (Exemplo: constrangimento das mulheres que estão em uma festa com o mesmo modelo de vestido.)

Na última cena, o locutor diz: "E você ainda tem tempo para coisas assim... mais agradáveis". Nesse momento, a mulher senta-se no sofá, tira o controle bruscamente das mãos do marido e muda de canal. Tal ação pode parecer insignificante, porém, simbolicamente, quem domina o controle remoto da televisão é também a pessoa que possui o controle de pequenos assuntos, que podem estar relacionados com a casa ou com o relacionamento.

"Comparação"

LOCUTOR (1): *Veja agora o teste comparativo entre Ariel e o jeito tradicional de lavar roupa. Primeiro o jeito tradicional.*

CORO FEMININO CANTA: *Lavar roupa todo dia...*

LOCUTOR (1): *Olha aí a dona-de-casa.*

CORO FEMININO CANTA: *que agonia!*

LOCUTOR (1): *Bom, agora o novo Ariel.*

CORO MASCULINO CANTA: *Hei! Hei! Hei! Hei! Hei! Macho, macho man...*

LOCUTOR (1): *Os maridos ideais que só Ariel tem fazem o serviço pesado para você não precisar esfregar nem usar mais nada. Suas roupas ficam muito mais limpas e a dona-de-casa... Uê? Cadê ela? Peraí... Ela saiu!*

LOCUTOR (2): *Novo Ariel. O único com maridos ideais para lavar muito melhor.*

O comercial de Ariel mostra a superioridade da marca em relação ao principal concorrente, Omo, pela comparação: "Veja agora o teste comparativo entre Ariel e o jeito tradicional de lavar as roupas. Primeiro o jeito tradicional". A comparação entre as marcas é notada pela produção das cores utilizadas nas cenas do comercial e pelas características da embalagem.

De acordo com Lange (1998, p. 214),

> o anúncio comparativo, para se configurar como tal, deve conter ou fazer uma menção explícita à marca(s) concorrente(s) no mesmo segmento de mercado. É uma postura de guerrilha mercadológica de uma empresa em relação à outra. Competitividade é a chave desencadeadora para a criação da publicidade comparativa.

Utiliza-se a lei dos opostos ou lei da polaridade. Os opostos servem para que uma marca possa sobressair à outra. Empregam-se os opostos no processo de criação para tornar evidente a existência de outros aspectos e soluções. Aumentando a sensibilidade do observador, é possível visualizar, aceitar e superar o paradoxo da oposição ou da contradição.

A forma de mostrar a superioridade da marca Ariel perante sua concorrente foi a de produzir um ambiente que lembre as cores da marca Omo: azul e branco. A marca do concorrente não é verbalizada ou ilustrada; a telespectadora precisa decodificar a mensagem pela analogia e com o auxílio da produção do ambiente nas cores que lembram o concorrente. "Assim, a sátira fornece subsídios representativos para que, em uma 'guerra de mercado', as empresas forneçam ao consumidor certa parcela de prazer inconsciente na decodificação da mensagem e ridicularização ao inimigo" (Lange, 1998, p. 228).

A "mulher Omo" esfrega as roupas sujas no tanque, depois joga as peças na máquina de lavar e demonstra cansaço físico. Tal comparação tem relação com os comerciais de Omo

Multiação veiculados até 1999, nos quais a dona-de-casa é representada no tanque, esfregando as roupas. Um exemplo recente é o testemunhal "Entrevista com câmera", em que a dona-de-casa diz para o entrevistador: "E voltei pro Multiação. Aí eu pego a camiseta encardida, coloco no tanque, dou uma esfregadinha, né, e sai deste jeitinho assim".

O fundo musical que acompanha a cena é satírico: "Lavar roupa todo dia, que agonia". A "mulher Omo" é menos bonita que a consumidora de Ariel e está de cabelos presos.

Segundo Lange (1998, p. 218),

> cada empresa, tentando demonstrar aspectos superiores e diferenciais do seu produto em relação à concorrência, acaba por usufruir do discurso humorístico na publicidade comparativa, nem que para isso forneça uma conotação sutil de denegrimento à imagem do concorrente.

A mulher do comercial de Ariel está em uma lavanderia mais moderna, com as cores nos tons de verde e branco que lembram a embalagem do produto. Ela é mais bonita, está de cabelos soltos e não esfrega as roupas, apenas dosa o detergente em pó e joga na máquina. A trilha sonora é a mesma utilizada nas propagandas anteriores dos maridos ideais.

O motivo para a marca Omo não desenvolver comerciais comparativos ao produto Ariel pode ser justificado no pensamento de Roman (194, p. 33):

> Identificar a concorrência é uma técnica de alto risco, pois as pesquisas mostram que os espectadores ficam confusos em relação a que marca está fazendo o anúncio ou por que uma marca é melhor do que a outra. Apesar de toda essa controvérsia sobre propaganda comparativa, numa coisa todo mundo concorda: não faça propaganda de seu concorrente se você é líder de mercado.

Os opostos sempre estão presentes na nossa vida e em tudo que fazemos, criando um estado permanente de tensões internas, como a dualidade entre a liberdade e a obrigação, entre o trabalho e o lazer. O paradoxo nesse comercial é a agonia da lavagem *versus* a praticidade do novo produto, que dá a liberdade de escolha do que fazer com o tempo livre.

Na cena com a seguinte locução: "Os maridos ideais que só Ariel tem fazem o serviço pesado para você não precisar esfregar nem usar mais nada. Suas roupas ficam muito mais limpas e a dona-de-casa... Ué? Cadê ela? Peraí... Ela saiu!" A lei da compleição é utilizada para que a receptora da mensagem possa imaginar o que fazer com seu tempo livre. Quando o locutor procura por ela na lavanderia e a vê saindo com as crianças, estimula-se a lei da compleição: a telespectadora fantasia o que a mãe representada no comercial fará com o tempo livre oferecido com a qualidade superior de Ariel. (Ela pode ir ao *shopping*, fazer compras, caminhada, levar as crianças para brincar etc.) A identificação entre a telespectadora e a mulher do comercial surge no momento em que ela imagina o que faria com o tempo livre.

A assinatura "Novo Ariel. O único com maridos ideais para lavar muito melhor" também trabalha com a imaginação da mulher. É a compensação do marido que não a ajuda em casa, como se houvesse a possibilidade de a consumidora conseguir a ajuda de um marido ideal que está dentro do produto.

Ketchup

(PAI LÊ JORNAL ENQUANTO FILHO COME LANCHE / MENINO DEIXA CAIR *KETCHUP* NA CAMISETA E MOSTRA PARA O PAI) VOZ INFANTIL (1): *Pai!*

(PAI OLHA E JOGA MAIS *KETCHUP* NA CAMISETA) VOZ MASCULINA: *Sua mãe comprou embalagem de dois quilos de Ariel.*

(MÚSICA / MENINO OLHA ESPANTADO)

LOCUTOR: *Novo Ariel dois quilos. O dobro de Ariel para remover o dobro de manchas difíceis e fazendo economia.*
(OUTRO MENINO SUJA A CAMISETA) VOZ INFANTIL (2): *Pai!*
(PAI OLHA E JOGA PÃO, QUE GRUDA NA CAMISETA DO MENINO, E OLHA PARA O OUTRO FILHO) VOZ MASCULINA: *Conta pra ele!*

Cena do comercial "Ketchup", de Ariel

Esse comercial de Ariel inovou na forma de apresentar o produto. A mulher, que é a responsável pela compra do produto, não é representada no filme. A referência a ela é feita quando o marido diz ao filho: "Sua mãe comprou embalagem de dois quilos de Ariel", e em seguida joga mais *ketchup* na camiseta do menino. Apenas figuras masculinas atuam no comercial.

As cenas do pai sujando os filhos são justificadas pela locução: "Novo Ariel dois quilos. O dobro de Ariel para remover o dobro de manchas difíceis e fazendo economia".

O humor e a referência à sujeira nesse comercial foram empregados de forma oposta à comunicação de Omo, pois nos comerciais de Omo a mensagem de que "Sujar-se faz bem" está diretamente relacionada com o aprendizado da criança, como uma conseqüência de seu desenvolvimento. No comercial de Ariel, o pai estimula uma atitude irreverente, porém não muito educativa, de jogar mais *ketchup* e pão nos filhos sem um motivo relacionado com o aprendizado – apenas para mostrar que a mãe dos meninos havia comprado a nova embalagem de Ariel com dois quilos de produto, considerando que, no Brasil, a grande maioria das embalagens de sabão em pó é vendida em caixas de um quilo.

O fato de o pai sujar os filhos justificando o ato com a compra de Ariel dois quilos denigre a imagem da pessoa responsável pelas atividades domésticas, que tem como uma das tarefas da casa limpar a sujeira que o marido e os filhos fazem. A cena incomoda pela postura adotada pelo homem, que está lendo jornal na mesa da cozinha, não atende ao pedido de ajuda dos filhos quando eles se sujam e ainda joga o alimento nas crianças.

> Há indícios fortes de recuperação da cidadania. O consumidor vigia os passos das empresas, suas ações sociais e quer saber mais sobre quem produz os produtos que ele consome. Tornou-se – para sempre – mais informado e busca o que melhor atende a suas necessidades. Sem dúvida ele evoluiu e está mais exigente. (Ferreira e Sganzerlla, 2000, p. 14)

Com essa observação de Ferreira e Sganzerlla, é imprescindível que as empresas cuidem da imagem de suas campanhas, para que o consumidor não se sinta ofendido com o tipo de mensagem transmitido.

4. AS DIFERENTES MÍDIAS NA COMUNICAÇÃO DE OMO

Desde a década de 1960, a marca Omo investia em atividades de *merchandising*, conhecidas no Brasil como as inserções publicitárias na transmissão de radionovelas e telenovelas. Essas inserções têm a função de divulgar a marca, além de ensinar e convencer a consumidora a utilizar os novos produtos. Segundo Pinho (1998, p. 44),

> a inclusão de menções ou aparições de produto, serviço ou marca, de forma aparentemente casual, em programas de televisão ou de rádio, filme cinematográfico, espetáculo teatral etc. recebeu no Brasil a denominação de *merchandising*. Uma apropriação incorreta, pois o *merchandising* diz respeito ao ajustamento do produto ao mercado, estando mais afeto à área de responsabilidade do gerente de produto do que da comunicação mercadológica.

Ao ouvir no rádio uma estrela banhando-se com os sabonetes Gessy ou lavando as roupas com o detergente em pó Omo, parte da população que desconhecia a importância dos hábitos de higiene pessoal incorporava tais hábitos ao cotidiano – e consequentemente aumentavam as vendas e o lucro de seus anunciantes.

Ainda nas palavras de Pinho (1988, p. 44),

> a prática de inserir mensagens comerciais dissimuladas em material editorial teve início no cinema. No tempo da Cinédia e da Atlântida,

os produtores incluíam produtos nas cenas de seus filmes, o que era cobrado e ajudava nas despesas de filmagens. Na televisão, obrigadas pelo regulamento do espaço comercial a limitar em 15 minutos por hora o tempo para publicidade, as emissoras têm no *merchandising* uma forma significativa de obtenção de um lucro marginal.

Merchandising, no sentido original, é o conjunto de todas as atividades comerciais e econômicas realizadas nas lojas ou nos espaços comerciais que possam atingir seu público-alvo (potencial consumidor da marca).

Com base na assinatura do comercial de Omo Progress – "É só jogar na máquina e pronto" –, passamos a exemplificar como a marca pretende atingir o consumidor por meio da comunicação 360°.

Nos pontos-de-venda, usa-se a própria embalagem para fazer a associação da mensagem já divulgada em outros meios de comunicação, incentivando as vendas do produto. O *merchandising* explora o sentido da compleição, pois a lateralidade cerebral direita completa as imagens e as associa ao repertório adquirido com as outras mídias utilizadas.

Merchandising no supermercado
Extra Morumbi (São Paulo), 3 de maio de 2003

O comercial tem a desvantagem de estar no meio de várias outras inserções; ele aparece no intervalo indesejado entre as partes dos filmes, novelas, programas e, portanto, sofre suas conseqüências. Por esse motivo, além dos comerciais de televisão, durante o ano de 2003 a marca Omo Progress realizou várias inserções de *merchandising* em novelas e programas de televisão.

A seleção dos programas para serem feitas as inserções tem relação direta com o público-alvo consumidor da marca, e as personagens que realizam o *merchandising* possuem as características e as aspirações dessa consumidora. Assim, cria-se uma identificação imediata da telespectadora com a usuária da marca nos programas e a personagem representada na tela.

Os programas de televisão nos quais aconteceram as inserções de *merchandising* foram: novela *Mulheres apaixonadas* (Rede Globo), programa *Saia justa* (GNT) e seriado *Os normais* (Rede Globo), além do evento Casa Cor (*merchandising* de ativação no local).

A assinatura do comercial foi utilizada em todas as ações de *merchandising*, enfatizando a idéia de simplificação das tarefas cotidianas.

A inserção de produto ou serviço deve ser adequada ao programa, ser realizada no contexto artístico, integrando o produto ou serviço ao roteiro. Aproveita-se da empatia dos personagens com o telespectador e da oportunidade de situações que espelham a realidade.

Novela *Mulheres apaixonadas*

Mulheres apaixonadas, do autor Manoel Carlos, teve em 2003 a maior audiência da Rede Globo. Nela, houve perfeita adequação do enredo com a marca, pois retratava situações familiares contemporâneas, personagens femininos fortes e independentes. Utilizava-se, assim, da empatia e da força desses personagens da novela em situações cotidianas, reforçando a estratégia de comunicação da marca, potencializando a ação publicitária de Omo Progress de forma positiva.

Segundo Pinho (1998, p. 45),

> Para desenvolver e comercializar projetos de *merchandising* e o licenciamento de marcas e personagens, a Globo criou, em 1979, a Apoio de Comunicação Limitada, uma empresa independente, mas exclusiva da Rede. Assim que o roteiro de uma novela é aprovado pela direção da emissora, os profissionais da Apoio recebem uma sinopse e estudam as possibilidades de inclusão de produtos, que são submetidas a eventuais clientes. Confirmado o interesse, é desenvolvido um *briefing* indicativo do trabalho a ser realizado, que tem o acompanhamento da Apoio para checar o texto escrito pelo autor da novela, a qualidade da cena gravada e sua respectiva edição, além do cuidado de evitar a eventual presença na cena de concorrentes do produto objeto do contrato.

Atualmente, os telespectadores estão mais conscientes dessa forma de persuasão publicitária, porém muitos ainda misturam o real e o imaginário.

> Os meios de comunicação em massa, ao oferecer notícias, diversão e publicidade, estabelecem dois níveis de comunicação: o real e o imaginário. Uma grande parte dos consumidores perdeu a capacidade de diferenciar esses dois níveis. (Carvalho, 1984, p. 23)

A compra do produto está relacionada com a personalidade do indivíduo e a personalidade do produto. Portanto, a identificação com as personagens da novela pela consumidora da marca é uma força de persuasão a mais para estimular a venda.

As personagens que fizeram o *merchandising* foram as atrizes Christiane Torloni e Maria Padilha, nos papéis de Helena e Hilda. Na novela, elas são irmãs, batalhadoras, independentes, que trabalham por prazer. Helena é coordenadora e professora de uma escola. Sofre com problemas de traição, desencontros amorosos, amor platônico, adoção do filho e, na sua essência, é uma mulher guerreira, que vive intensamente cada momento da vida.

Hilda é casada, com filhos adultos, tem uma confeitaria, um marido que a ama e a auxilia no combate ao câncer de mama. Ambas têm características de personalidade desejáveis para a marca Omo Progress.

Programa *Saia justa*

Transmitido pelo canal por assinatura GNT, o programa *Saia justa* é direcionado às mulheres práticas, dinâmicas e contemporâneas. À época do *merchandising*, em 2003, tinha como apresentadoras a cantora Rita Lee, a escritora Fernanda Young, a atriz Marisa Orth e a jornalista Mônica Waldvogel. As características dos comerciais veiculados nos intervalos e demais ações promocionais demonstram que as apresentadoras do programa eram compatíveis com o perfil do público-alvo do produto Omo Progress.

De acordo com Galvão (1998, p. 111),

> o novo perfil da mulher brasileira na sociedade urbana fez que ela assumisse de maneira definitiva o papel mais importante na escala de consumo. Ao se tornar economicamente independente, tornou-se também um alvo imprescindível nas estratégias de *marketing* e comunicação, mesmo no caso de produtos até então voltados para o público masculino.

Seriado *Os normais*

Programa semanal da Rede Globo exibido entre 2001 e 2003, *Os normais* era protagonizado pelos atores Luiz Fernando Guimarães e Fernanda Torres, que viviam Rui e Vani. Os personagens formavam um casal – sem filhos – de classe média, irreverente, que conseguia se divertir com as situações do dia-a-dia. As cenas principais aconteciam dentro de um apartamento e traduziam de forma criativa e engraçada as banalidades vividas por qualquer casal.

A redação do programa era de Fernanda Young e Alexandre Machado; a direção, de José Alvarenga Jr. De acordo com as descrições obtidas no *site* do programa[14], as características desses personagens são:

> **Rui** – É um cara normal, igual a você. Cheio de maluquices normais. Com milhões de pequenas manias e grandes implicâncias. Mas, como toda pessoa normal, acha que todo mundo é maluco, menos ele. Tem um trabalho normal, onde ganha um salário normal. Gosta de sossego, mas vive se metendo em encrencas, justamente por causa de suas idéias normais...
>
> **Vani** – É uma mulher normal: gasta metade do tempo com coisas que não levam a nada... Acha que o noivo, Rui, é careta, mas quer casar com ele de qualquer maneira. Como toda mulher normal na casa dos 30 anos, Vani vive numa constante crise, em que as dúvidas existenciais são muitas e as certezas, muito poucas.

O estilo do programa tinha grande afinidade com o *target* de Omo Progress e possibilitou uma inovação no *merchandising*, expondo a marca e o conceito proposto no lançamento de forma diferenciada e impactante, tornando a marca mais popular.

A forma de realizar o *merchandising* no programa foi direta e explícita. A seguir, o diálogo do casal no momento em que a marca aparece no programa:

---

14 http://osnormais.globo.com/personagens.jsp

VANI: *Aproveitando que você joga na cara que paga tudo para mim, vou te dar uma solução muito boa para isso também.*
RUI: *O quê? Vai lavar roupa para fora agora?*
VANI: *Não, meu amor, vou fazer* merchandising, *né!* (VANI JOGANDO AS ROUPAS DENTRO DA MÁQUINA DE LAVAR) *Com esse sabão novo em pó que eu comprei, "É só jogar na máquina e pronto", sabia?*
RUI: *Ô Vani, você é muito ingênua, você acha que o pessoal do Omo vai te dar um dinheiro só porque você está usando o produto deles?*
VANI: *Ah, meu amor, não quer participar, não participa, tá, mas quando o pessoal do Omo vier e pagar aquela bufunfa que eles vão me pagar, ela é só minha, viu?* (NESTE MOMENTO ELE TAMBÉM COMEÇA A JOGAR AS ROUPAS NA MÁQUINA)

Fica claro para a telespectadora que o programa recebe para realizar a inserção do produto, mas a forma como ele foi divulgado é totalmente inovadora: o uso do humor sobre a própria situação do *merchandising* para divulgar a marca.

Evento Casa Cor

A Casa Cor, maior e mais importante evento de decoração do país, apresenta a visão e as novas tendências de decoração e *design* dos melhores profissionais da área.

Em sintonia com a proposta do evento, Omo Progress esteve na lavanderia da Casa Cor 2003, com o intuito de comunicar as novidades desenvolvidas para facilitar o processo de lavagem das roupas de suas consumidoras, associando a imagem de tecnologia e modernidade às lavanderias de última geração que foram expostas.

Aproveitando o *merchandising* feito na novela *Mulheres apaixonadas*, as atrizes Christiane Torloni e Maria Padilha foram convidadas a realizar o *merchandising* ao vivo na *Casa Cor 2003* em São Paulo, no dia 25 de junho de 2003. Esse foi um dos temas mais discutidos nas maiores revistas e jornais do país[15].

A análise dos personagens das novelas e estilos de programas nos quais o *merchandising* da marca Omo Progress foi inserido denota os perfis desejados para descrever as consumidoras da marca:

• São mulheres maduras, bem-sucedidas, dinâmicas e contemporâneas, práticas, independentes e autoconfiantes.
• Exercem muitas atividades e valorizam a tecnologia para obter os melhores resultados (evento Casa Cor).
• Utilizam máquina de lavar roupas.
• Buscam um produto de qualidade para que possam delegar a lavagem com responsabilidade e cuidar de outras coisas importantes (amamentação, trabalho etc.).
• Trabalham e se preocupam com a aparência.
• Não se envolvem diretamente com a lavagem de roupas, pois não se preocupam em esfregar – apenas querem a roupa limpa em pouco tempo e sem esforço.

Num mundo em que a publicidade está pulverizada e os meios de comunicação em massa atingem muitas pessoas, mas nem sempre o público-alvo (potencial consumidor), a utilização de *merchandising* em novelas, seriados, eventos e pontos-de-venda, entre outros, é uma forma mais direcionada de sensibilizar o potencial consumidor e fortalecer a imagem da marca com seus usuários.

A inserção de *merchandising* nos programas de preferência do consumidor cria uma identificação imediata entre a marca e o re-

---

15 Dados obtidos no *site* www.globo.com. Acesso em 7/7/2003.

ceptor da mensagem. Existe uma identificação entre os personagens que consomem o produto e o telespectador, criando, assim, a aspiração, o desejo de consumir a mesma marca. É como se a marca aproximasse o consumidor do ambiente desejado. É por esse motivo que a pesquisa de mercado é importante, pois permite que o investimento seja adequado ao público consumidor.

5 A EVOLUÇÃO DAS AMÉLIAS

Até o final do século XX, o papel da mulher nos comerciais de detergente em pó se restringia à representação de dona-de-casa. A função do homem era a de provedor da esposa e, portanto, de toda a família. Nas últimas décadas, as mulheres paulatinamente conquistaram o mercado de trabalho e passaram a dividir as tarefas domésticas com os homens. Entretanto, a presença do homem lavando roupa ou louça nos comerciais como representação do cotidiano ainda não existe.

Desde 1957, a marca Omo lidera e mostra as tendências da emancipação feminina nas mensagens de seus comerciais de detergente em pó. Manteve o formato testemunhal por quase duas décadas, sendo considerada a maior e a mais duradoura campanha testemunhal de donas-de-casa do mundo. Nesse período, a mulher brasileira era sempre retratada como dona-de-casa, cujo maior objetivo era o de deixar as roupas da família mais brancas e livres das manchas.

Nos primeiros comerciais dos anos 1960, pouco depois do lançamento de Omo, a consumidora precisava entender como utilizar o novo produto. Assim, a figura sempre presente de um homem de jaleco branco demonstrava credibilidade e comprovava a superioridade de Omo. A mulher era representada nos comerciais esfregando a roupa em um tanque de cimento. Já nos testemunhais, que perduraram até 1997, ela aparece pendurando a roupa, fazendo testes de brancura nas janelas, comparando sua roupa com a de outra consumidora, cuidando da família ou fazendo compras no supermercado – mas sempre no ambiente doméstico e desempenhando atividades cotidianas de uma dona-de-casa.

A entrada da marca Ariel no mercado brasileiro, em 1998, revolucionou as propagandas de detergente em pó. As mulheres não reclamam nos comerciais de Ariel, porém são retratadas por meio de imagens que criticam sua situação de donas-de-casa – como no comercial de lançamento da marca, no qual elas estão presas por correntes às trouxas de roupa suja e às máquinas de lavar e conseguem se libertar utilizando o novo produto. Em nenhum outro comercial as mulheres haviam reclamado ou insinuado insatisfação com essa atividade.

Como resposta ao comercial de Ariel, nos comerciais mais recentes da marca Omo as mulheres deixaram de ser responsáveis apenas pelas atividades domésticas e passaram a ser representadas em ambientes que já haviam sido conquistados com a emancipação feminina. Elas já estavam concorrendo a cargos antes exclusivamente masculinos no mercado de trabalho, e essa representação do seu novo cotidiano começou a influenciar seu estilo de vida – e conseqüentemente o estilo das mensagens dos comerciais do século XX.

Do total de 15 comerciais de detergente em pó analisados, em 100% constava a locução masculina endossando a marca ou fazendo a locução da assinatura final do comercial. Percebe-se que existe, ainda, a necessidade da locução masculina como forma de dar credibilidade tanto à marca Omo quanto à Ariel. Portanto, a personalidade da marca acaba sendo identificada como masculina, apesar de o produto ser direcionado ao público quase exclusivamente feminino.

Avaliamos espaço físico, locução, atividade, produção com crianças e relações de gênero que predominavam nos comerciais e obtivemos as seguintes evidências entre os 15 anúncios analisados:

LOCUÇÃO MASCULINA	100%
LOCUÇÃO FEMININA	33%
CENA PRINCIPAL DENTRO DO LAR	60%
CENA PRINCIPAL FORA DO LAR	40%
LOCUÇÃO INICIAL MASCULINA	73%
LOCUÇÃO INICIAL FEMININA	13%
LOCUÇÃO FINAL MASCULINA	73%
LOCUÇÃO FINAL FEMININA	20%
CENA COM CRIANÇA	66%
REPRESENTAÇÃO FEMININA EXCLUSIVA = DONA-DE-CASA	53%

Desde os comerciais dos anos 1960 até os testemunhais de 1997, as mulheres eram apenas donas-de-casa. Os homens que apareciam eram personalidades que entrevistavam as mulheres em ambientes da realidade doméstica. À mulher cabia responder às perguntas realizadas pelo homem ou então demonstrar a eficácia e a brancura superior do produto. Elas nunca estavam insatisfeitas com suas obrigações, mas ficavam mais felizes quando viam que sua roupa estava mais branca que a de outras mulheres. Os comerciais dessa época foram: "Lançamento Omo", "Assobio", "São Tomé", "Prova da janela", "Testemunhal".

O comercial "Entrevista com câmera" foi o início de uma nova era para os testemunhais. A mulher passou a mostrar cenas do seu dia-a-dia, gravadas por ela em uma filmadora, relatando pessoalmente os acontecimentos do começo ao final do comercial. Apenas a locução da assinatura era masculina. Depois dessa campanha, surgiram "Vovó", "Batatinha" e "Praia", representando uma evolução das campanhas de Omo Multiação. Estas tinham foco no aprendizado da criança, com cenas do cotidiano infantil, no qual a mãe era a grande responsável pelo acompanhamento dos filhos. A relação entre a sujeira da criança e a da mãe está diretamente ligada a esse aprendizado; afinal, se a mãe não deixa as crianças se sujarem com medo de estragar as roupas, os pequenos não se desenvolvem. A mensagem da marca Omo Multiação transmite tranqüilidade, pois o produto garante a limpeza das manchas, trazendo segurança e despreocupação para a mãe.

O último comercial analisado da marca Omo Multiação, "Praia", foi o mais inovador da série. Em momento algum a mulher ou um adulto aparece em cena. A mensagem de lavanderia não é mencionada nem na assinatura: "Porque se sujar faz bem." Esse tipo de mensagem só foi possível graças ao repertório adquirido com as campanhas anteriores.

Os comerciais de Omo Progress, "Amamentação" e "Jogar na máquina", retratam a vida das mulheres do século XXI. Elas trabalham, são reconhecidas profissionalmente e optaram por ter filhos – mas não abdicaram da carreira. O homem surge como auxiliar da mulher nas atividades domésticas e demonstra seu interesse e prazer no cuidado com os filhos. No entanto, ele nunca aparece lavando roupa ou dominando o espaço que sempre foi representado como da mulher. O homem auxilia a mulher, no máximo, jogando a roupa na máquina ou cuidando dos filhos.

Os comerciais de Ariel, desde seu lançamento, mostram a insatisfação feminina e tentam convencer a mulher de que o produto a libertará da necessidade de esfrega e da perda de tempo com a lavagem. A imagem do homem lavando as roupas surge em 2001, por meio da representação lúdica dos maridos ideais. Porém, nesse comercial, o homem é mostrado como uma fantasia feminina: os grãos se transformam em homens musculosos que esfregam as fibras do tecido, auxiliando na lavagem. Não é a representação de um homem real, daquele marido que ajuda a mulher no dia-a-dia.

Os comerciais de Ariel usam o humor em propagandas comparativas e, apesar de tentarem mostrar que as consumidoras dessa marca são mais modernas e inteligentes, utilizam a estrutura de comunicação tradicional: o interlocutor é masculino e as cenas são todas dentro de casa (com exceção do comercial de lançamento). As mulheres desses comerciais não dão indícios de possuir dupla jornada de trabalho, apenas fazem as atividades da casa.

No último comercial analisado da marca Ariel ("Ketchup"), a mulher também não aparece em cena, apenas o marido e os filhos. Mas a forma de representação vai contra a mensagem de aprendizado dos comerciais de Omo, nos quais as crianças aprendem com a sujeira. Nesse comercial de Ariel, o pai suja propositadamente os filhos. Tal ação se choca com a imagem do pai que auxilia a mulher nos afazeres domésticos. Essa atitude endossa as mensagens anteriores de um marido que não faz nada, não a ajuda e talvez até atrapalhe sua vida. Mas, como dito no segundo comercial, "Maridos ideais", de agosto de 2001, ela prefere não se separar.

O caminho criativo envolvendo as cenas do cotidiano, testemunhais e humor são os mais explorados pelas diferentes marcas. O formato de humor comparativo é utilizado apenas pela marca Ariel.

Para que uma marca mantenha-se no mercado durante décadas, como é o caso de Omo, sua publicidade deve interagir com as mudanças sociais e, assim, dialogar com o público-alvo.

A marca Omo tem sido referência do produto detergente em pó no mercado brasileiro há anos. Seus comerciais representavam a realidade da mulher brasileira, para que, por meio da identificação, ela passasse a consumi-lo.

A década de 1960 foi um marco para a emancipação feminina no Brasil, conseqüência do surto industrial do governo de Juscelino Kubitschek e da entrada da mulher no mercado de trabalho. Na área criativa das agências, foi também a década de mudanças. Os publicitários deixaram de explorar apenas os benefícios funcionais dos produtos para explorar o benefício emocional das marcas. Entretanto, os comerciais da marca Omo demoraram a refletir a emancipação feminina. Até os anos 1990, ofereciam benefícios funcionais do produto para que as consumidoras conseguissem o melhor desempenho para deixar as roupas da família mais brancas.

Foi no final dos anos 1990, com a entrada da marca Ariel no mercado brasileiro, que as mensagens dos comerciais de Omo obtiveram apelo emocional. Houve também uma mudança significativa nas mensagens direcionadas às consumidoras das marcas Omo Multiação e Omo Progress e, por meio da análise desses comerciais, foi possível identificar dois perfis distintos entre as consumidoras das duas variantes.

No geral, a figura da mãe doméstica foi substituída pela da mãe moderna, que trabalha fora e auxilia os filhos no seu aprendizado e desenvolvimento. O comercial reflete a imagem da consumidora da marca anunciada, pois ela precisa se identificar com – ou ao menos desejar ser como – a personagem do comercial. Pela análise da personagem, é possível identificar a consumidora da marca Multiação como uma mulher que é mãe (ou almeja ser), é preocupada com o aprendizado dos filhos e a grande razão de sua vida é o bem-estar da família. A personagem mostra ser uma mulher feliz com a vida que tem.

A consumidora da marca Omo Progress, ou a mulher que se identifica com a marca, é mais moderna. É a mulher multifuncional, que coordena as atividades de casa e também trabalha fora. Por meio das campanhas de *merchandising* e do comercial veiculado, verifica-se que tem máquina de lavar e busca simplificar a vida: "É só jogar na máquina e pronto". Pelos programas televisivos e evento de inserção do *merchandising* (*Mulheres apaixonadas, Os normais, Saia justa,* Casa Cor), percebe-se que o produto se direciona a uma consumidora de espírito jovem, moderno e contemporâneo, aberta para novidades e para as novas tendências. Apesar de todas as dificuldades da vida moderna, é uma mulher que consegue conviver com as situações e também transmitir alegria no cotidiano.

O público que se identifica com a marca Ariel possui características semelhantes ao perfil de Omo Progress, porém verifica-se uma diferença nos comerciais, na representação de uma mulher insatisfeita com a situação de responsável pela lavagem de roupas e com o marido que tem em casa. Ela busca no produto a possibilidade de fuga dessa sua realidade. Isso é reforçado pela fala do locutor do comercial de Ariel, ao sugerir a separação do casal, ou pela atitude da mulher tirando o controle remoto da mão do marido, ou pelo fato de a mãe sair de casa com as crianças sem prestar contas ao locutor do filme.

Nos comerciais de Ariel, o papel do homem como provedor e responsável perde lugar para um homem acomodado, que trabalha mas não ajuda a mulher nos afazeres domésticos; a forma de compensação da mulher é "comprar" os "maridos ideais" que estão dentro da caixa de Ariel. A maneira como o homem é retratado nesses comerciais o menospreza como marido e pai.

A representação do homem sentado no sofá com o controle remoto ou lendo jornal na cozinha pode parecer autêntica, pois é a realidade vivida por milhares de brasileiras. Porém existe uma linha tênue que separa essa realidade com a ilusão dos maridos ideais que surgem para "compensar" a falta de auxílio do marido verdadeiro nas atividades domésticas.

Diferentemente dos comerciais com famílias perfeitas do passado, as análises dos comerciais de detergente em pó mais recentes demonstram a proximidade entre a publicidade e a realidade das mulheres do século XXI. Os consumidores estão cada vez mais atentos aos comerciais como forma de representação de sua realidade, e o processo de identificação entre a mensagem sugerida e o potencial consumidor é o diferencial da marca.

Portanto, pudemos observar no decorrer deste livro uma correspondência entre a evolução do papel das mulheres e as campanhas publicitárias de detergente em pó no Brasil. Elas deixam de ser as Amélias para se tornar as mulheres multifuncionais, modernas, em busca de maior praticidade para que possam utilizar seu tempo livre com a família, com os amigos ou com os amantes – maridos ideais existem?

O mérito por essa representação da evolução do papel da mulher na sociedade não é somente das agências de propaganda e de seus publicitários – ainda que, hoje, muitas mulheres atuem no gerenciamento das campanhas de comunicação, sendo responsáveis por traduzir o apelo emocional das marcas na representação real da vivência feminina. O mérito por todas essas conquistas deve ser creditado, sim, às mulheres — mulheres que se mantiveram no mercado de trabalho, exigindo igualdade de condições e buscando a independência financeira, e que, cada vez mais, as conquistam.

REFERÊNCIAS BIBLIOGRÁFICAS

Livros

ACKERMAN, Diane. *Uma história natural dos sentidos*. Rio de Janeiro: Bertrand Brasil, 1992.

ARNHEIM, Rudolf. *Arte & percepção visual: uma psicologia da visão criadora*. São Paulo: Nova Versão, 1992.

AUAD, Daniela. *Feminismo: que história é essa?* Rio de Janeiro: DP&A, 2003.

BATAN, Marco Antonio. *Propaganda: o domínio através do som*. 1992. 198 f. Doutorado – Escola de Comunicações e Artes – USP, São Paulo.

BAUER, Carlos. *Breve histórico da mulher no mundo ocidental*. São Paulo: Xamã/Pulsar, 2001.

BEAUVOIR, Simone de. *O segundo sexo*. São Paulo: Nova Fronteira, 1980.

BRAUN, Lara; BORGONOVI, José Eduardo Castor. *Marias: a jornada histórica de 50 mulheres que fizeram história*. Rio de Janeiro: Campus, 2003.

BROMBAY, Simone. *Diagnósticos e perspectivas da comunicação nas ONGs atuantes em questões de gênero*. 2001. 145 f. Mestrado – Escola de Comunicações e Artes – USP, São Paulo.

CARRASCOZA, João Anzanello. *A evolução do texto publicitário – A associação de palavras como elemento de sedução na publicidade*. São Paulo: Futura, 1999.

CARVALHO, João Vela. *O mito na propaganda comercial*. 1984. 140 f. Mestrado – Escola de Comunicações e Artes – USP, São Paulo.

CHETOCHINE, Georges. *A derrota das marcas, como evitá-las?* São Paulo: Makron Books, 1999.

COELHO NETTO, J. T. *Semiótica, informação e comunicação*. São Paulo: Perspectiva, 1980.

DONDIS, Donis A. *Sintaxe da linguagem visual*. São Paulo: Martins Fontes, 2000.

FARINA, Modesto. *Psicodinâmica das cores em comunicação*. São Paulo: Edgard Blücher, 1994.

FEITOSA, Ercilia Poupanças; TARSITANO, Paulo Rogério. "Anúncios – Espelhos da história social, política e econômica brasileira". In: PINHO, J. B. (coord.). *Trajetória e questões contemporâneas da publicidade brasileira*. São Paulo: Intercom, 1998.

FERREIRA, Sérgio; SGANZERLLA, Silvana. *Conquistando o consumidor: o marketing de relacionamento como vantagem competitiva das empresas*. São Paulo: Gente, 2000.

FRIEDAN, Betty. *It changed my life*. Nova York: Random House, 1976.

GADE, Christiane. *Psicologia do consumidor*. São Paulo: Pedagógica e Universitária, 1980.

GALVÃO, Ademir dos Santos. "Mulher, margarina, clichês & outros ingredientes". In: TARSITANO, Paulo Rogério (org.). *Publicidade: análise da produção publicitária e da formação profissional*. São Paulo: Coleção GT's Alaic n.º 01, 1998.

GUBERNIKOFF, Giselle. *Imagem e sedução*. 2000. 68 f. Livre-docência. – Escola de Comunicações e Artes – USP, São Paulo.

_____. *Perfil de mulher: o processo de emancipação feminina na sociedade urbana brasileira*. 1992. 200 f. Doutorado – Escola de Comunicações e Artes – USP, São Paulo.

HIJAZI, Aly. *Mulher profissional e sua relação com as mensagens publicitárias veiculadas pela TV.* 1990. 95 f. Mestrado – Escola de Comunicações e Artes – USP, São Paulo.

HOLLANDA, Aurélio Buarque de. *Dicionário Aurélio básico da língua portuguesa* (Edição Especial *Folha de S.Paulo*). São Paulo: Nova Fronteira, 1995.

IASBECK, Luiz Carlos. *A arte dos slogans*. In: PINHO, J. B. (coord.). *Trajetória e questões contemporâneas da publicidade brasileira*. São Paulo: Intercom, 1998.

LADEIRA. J. G. *Contato imediato com criação de propaganda*. São Paulo: Global, 1987.

LANGE, Talvani. "O humor na publicidade comparativa". In: TARSITANO, Paulo Rogério (org.). *Publicidade: análise da produção publicitária e da formação profissional*. São Paulo: Coleção GT's Alaic nº 1, 1998.

LAS CASAS, Alexandre L. *Marketing, conceitos, exercícios e casos*. São Paulo: Atlas, 1994.

LÜSCHER, Max. *O teste das cores de Lüscher*. Rio de Janeiro: Renes, 1969.

MARCONDES, Pyr. *Uma história da propaganda brasileira*. Rio de Janeiro: Ediouro, 2001.

MARTENSEN, Rodolfo Lima. *O desafio de quatro santos*. São Paulo: LR, 1983.

MERLEAU-PONTY, Maurice. *Fenomenologia da percepção*. Rio de Janeiro: Freitas Bastos, 1971.

MUNARI, Bruno. *Design e comunicação visual*. Rio de Janeiro: Edições 70, 1968.

OKAMOTO, J. *Percepção ambiental e comportamento*. São Paulo: Plêiade, 1996.

PARRAMÓN, José M. *El gran libro del color*. Barcelona: Blume, 1982.

PEDROSA, Israel. *Da cor à cor inexistente*. Rio de Janeiro: Léo Christiano, 1977.

PINHO, J. B. "Trajetória da publicidade no Brasil: das origens à maturidade técnico-profissional". In: Pinho, J. B. (coord.). *Trajetória e questões contemporâneas da publicidade brasileira*. São Paulo: Intercom, 1998.

Pinto, Céli Regina Jardim. *Uma história do feminismo no Brasil*. São Paulo: Fundação Perseu Abramo, 2003.

Ramos, Ricardo. *Do reclame à comunicação: pequena história da propaganda no Brasil*. São Paulo: Atual, 1985.

Ribeiro, Claudete. *Arte & resistência: Vincent Willem Van Gogh*. 2000. 229 f. Livre-docência – Instituto de Artes – Unesp, São Paulo.

Richardson, Roberto Jarry et al. *Pesquisa social: métodos e técnicas*. São Paulo: Atlas, 1999.

Roman, Kenneth; Maas, Jane. *Como fazer sua propaganda funcionar*. São Paulo: Nobel, 1994.

Roque, Mauren Leni de. *Trabalho, capacitação profissional e participação comunitária da mulher da periferia de São Paulo (pesquisa empírica de retroalimentação)*. 1982. 209 f. Mestrado – Escola de Comunicações e Artes – USP, São Paulo.

Rousseau, René-Lucien. *A linguagem das cores*. São Paulo: Pensamento, 1995.

Schroder, Kim; Vestergaard, Torben. *A linguagem da propaganda*. São Paulo: Martins Fontes, 1988.

Suzuki, Marie. *A percepção da cor na publicidade*. 1997. 83 f. Iniciação Científica – CNPq/Pibic – Instituto de Artes – Unesp, São Paulo.

Talamo, Maria de Fátima Gonçalves Moreira. *A palavra oculta: as relações da mulher com a linguagem*. 1989. 237 f. Doutorado – Escola de Comunicações e Artes – USP, São Paulo.

Tame, David. *O poder oculto da música*. São Paulo: Cultrix, 1987.

Teles, Maria Amélia de Almeida. *Breve história do feminismo no Brasil*. São Paulo: Brasiliense, 1999.

Periódicos

Araújo, Anna Gabriela; Cassas, Luciana. "Marcas do coração: as preferidas". *Marketing*, São Paulo, mar. 2002, p. 60.

Dantas, Vera. "Redes disputam consumidor de marca própria". *O Estado de S. Paulo,* São Paulo, 17 ago. 2003, p. B12.

GESSY LEVER, história e histórias de intimidade com o consumidor brasileiro, São Paulo, 2001.
GRECCO, Sheila. "Poder e solidão. Mulheres bem-sucedidas têm menos chance de casar e ter filhos. E não estão felizes assim". *Veja*, São Paulo, ed. 1.749, 1º maio 2002.
OMO – *40 anos de Brasil*. Catálogo G4 Multimídia, São Paulo, 1998.
REVISTA ADMINISTRAÇÃO E SERVIÇOS. São Paulo, abr. 1979. p. 113.
REVISTA MERCADO GLOBAL. "Mulheres brasileiras urbanas muito além do limite". São Paulo, 2002.
SUPERMERCADO: *40 anos de Brasil*. São Paulo: Abras, 1993.
VALLADARES, Ricardo. "Mulheres apaixonadas e apaixonantes". *Veja*, São Paulo, 9 jun. 2003.

Documentos eletrônicos

Documentos consultados *on-line*

BRUSCHINI, Cristina (coordenação); LOMBARDI, Maria Rosa (concepção, planejamento, execução e acompanhamento). *Séries históricas sobre a mulher.* São Paulo: Fundação Carlos Chagas. Disponível em http://www.fcc.org.br/servlets/mulher/series_historicas?pg=mtf.html. Acesso em 20/10/2002.
MARQUES, Paula. *Publicidade e percepção*. 1997. Disponível em http://pcmarques.paginas.sapo.pt/PubPer.htm. Acesso em 2/10/2003.
MURARO, Rose Marie. Disponível em http://www.redegoverno.gov.br/mulhergoverno/pop._muraro.htm. Acesso em 18/3/2003.
NORONHA, Daisy Pires (org.). *Manual para apresentação de dissertações e teses*. Disponível em http://www.dedalus.usp.br. Acesso em 3/11/2003.
PALESTRA com os diretores de *marketing* do Grupo Pão de Açúcar e Alpargatas realizada em 29/5/2002, no evento "Poder de consumo das mulheres". São Paulo. Disponível em http://www.fcc.org.br/servlets/mulher/series_historicas?pg=mtf.html. Acesso em 10/7/2002.

SENA FILHO, Davis. *Homens e mulheres são incompatíveis*. Seminário – História das culturas do ponto de vista dos homens e das mulheres. Workshop "A poética feminina", promovido pelo Ministério da Saúde, dez. 2001. Matéria publicada no jornal *Ministério da Saúde Informa* de fev. 2002. Disponível em http://www.redegoverno.gov.br/mulhergoverno. Acesso em 20/10/2002.

TEXTO sobre os personagens do programa de televisão *Os normais*. Disponível em http://osnormais.globo.com/personagens.jsp. Acesso em 3/1/2004.

Documento em CD-ROM

RIBEIRO, Claudete. *Arte & resistência: Vincent Willem Van Gogh*. São Paulo: Cromossomos Estúdio de Criação Multimídia, 2000.

leia também

O PODER DAS MARCAS
J. B. Pinho

O acelerado desenvolvimento tecnológico dos produtos industriais permite que muitos fabricantes apresentem ao mercado artigos com as mesmas especificações. Nesse contexto, a imagem da marca assume uma importância vital. O autor se propõe a aprofundar o conhecimento do processo de gestão de marcas, bem como determinar com maior precisão o papel que a publicidade cumpre na construção da imagem da marca.
REF. 10549   ISBN 85-323-0549-0

PROPAGANDA SUBLIMINAR MULTIMÍDIA
Edição revista e ampliada
Flávio Calazans

Nesta nova edição Calazans faz uma ampla pesquisa e revisão bibliográfica a fim de proporcionar uma visão atualizada das técnicas subliminares. O desenvolvimento exponencial da tecnologia no campo da comunicação obviamente foi acompanhado por similar crescimento dos recursos subliminares, estabelecendo um novo patamar de definição e discussão do tema.
REF. 10870   ISBN 85-323-0870-8

CONSUMIDOR VERSUS PROPAGANDA
Gino Giacomini Filho

A credibilidade da propaganda se vê cada vez mais abalada pela parcialidade do publicitário e pela insatisfação dos consumidores. Aqui são revistos os principais conceitos de consumerismo, marketing e merchandising, com uma visão histórica da defesa do consumidor no Brasil e em outros países. O autor demonstra que a defesa do consumidor pode ser aliada à publicidade, desde que esta seja aplicada num interesse social.
REF. 10176   ISBN 85-323-0176-2

GÊNEROS E FORMATOS NA TELEVISÃO BRASILEIRA
José Carlos Aronchi de Souza

Único livro em português sobre o assunto. Baseado numa pesquisa de mais de dez anos, o autor identifica as características técnicas e de produção dos diferentes gêneros de programa da TV. Em linguagem clara e acessível, oferece um manual prático para estruturação de programas. Obra imprescindível para estudantes de Rádio e TV, e fundamental na biblioteca de jornalistas, diretores de mídia e professores.
REF. 10859   ISBN 85-323-0859-7

IMPRESSO NA
sumago gráfica editorial ltda
rua itauna, 789 vila maria
02111-031 são paulo sp
telefax 11 **6955 5636**
sumago@terra.com.br

———————— dobre aqui ·————————

CARTA-RESPOSTA
NÃO É NECESSÁRIO SELAR

O SELO SERÁ PAGO POR

AC AVENIDA DUQUE DE CAXIAS
01214-999 São Paulo/SP

———————— dobre aqui ·————————

CADASTRO PARA MALA-DIRETA

Recorte ou reproduza esta ficha de cadastro, envie completamente preenchida por correio ou fax, e receba informações atualizadas sobre nossos livros.

Nome: _____ Empresa: _____

Endereço: ☐ Res. ☐ Coml. _____ Bairro: _____

CEP: _____ - _____ Cidade: _____ Estado: _____ Tel.: ( ) _____

Fax: ( ) _____ E-mail: _____

Profissão: _____ Professor? ☐ Sim ☐ Não Data de nascimento: _____

Grupo étnico principal: _____ Disciplina: _____

1. Você compra livros:
☐ Livrarias ☐ Feiras
☐ Telefone ☐ Correios
☐ Internet ☐ Outros. Especificar: _____

2. Onde você comprou este livro?
_____

3. Você busca informações para adquirir livros:
☐ Jornais ☐ Amigos
☐ Revistas ☐ Internet
☐ Professores ☐ Outros. Especificar: _____

4. Áreas de interesse:
☐ Psicologia ☐ Saúde e Vivências
☐ Crescimento interior ☐ Depoimentos
☐ Astrologia
☐ Comportamento

5. Nestas áreas, alguma sugestão para novos títulos?
_____

6. Gostaria de receber o catálogo da editora? ☐ Sim ☐ Não
7. Gostaria de receber o Ágora notícias? ☐ Sim ☐ Não

Indique um amigo que gostaria de receber a nossa mala-direta

Nome: _____ Empresa: _____

Endereço: ☐ Res. ☐ Coml. _____ Bairro: _____

CEP: _____ - _____ Cidade: _____ Estado: _____ Tel.: ( ) _____

Fax: ( ) _____ E-mail: _____

Profissão: _____ Professor? ☐ Sim ☐ Não Data de nascimento: _____

Summus Editorial
Rua Itapicuru, 613 7º andar 05006-000 São Paulo - SP Brasil Tel.: (11) 3872-3322 Fax: (11) 3872-7476
Internet: http://www.editoraagora.com.br e-mail: agora@editoraagora.com.br

cole aqui